# MA VIE, UN SPORT DE COMBAT

MICHAËL JÉRÉMIASZ

AVEC LA PARTICIPATION
DE VIRGINIE TROUSSIER

# MA VIE,
# UN SPORT
# DE COMBAT

MARABOUT

« Personne n'a jusqu'à présent déterminé ce que peut le corps. »

*Éthique*, Spinoza

*À mon fils Mylo*

# Sommaire

## Préface de Léa Salamé

Fin août 2016, les vacances d'été venaient de se terminer, la matinale de France Inter reprenait lentement ses habitudes. Encore un peu hésitants, on lançait la nouvelle saison. J'assurais l'interview quotidienne de 7 h 50. Et, à quelques jours de l'ouverture des Jeux paralympiques de Rio, j'avais invité le porte-drapeau de la France pour l'occasion. C'était la première fois qu'on se rencontrait.

Quand on voit débarquer Michaël Jérémiasz dans les couloirs gris de la Maison de la radio, la première chose qu'on remarque n'est ni le fauteuil roulant ni le handicap ; non, c'est son visage. Michaël est beau. Toutes les filles de France Inter l'ont remarqué ce matin-là. Moi aussi. Les yeux noirs sont vivants, le sourire charmeur, le contact avenant, naturel. Il dégage l'assurance de celui qui est bien partout, à l'aise, centré. On comprend vite qu'il ne faut surtout pas en faire trop. Pas la peine de prendre un air vaguement compassé parce qu'il est assis et nous debout, il s'en fiche... donc nous aussi. On ajuste le micro un peu plus bas, et c'est tout... L'interview peut alors commencer.

Immédiatement, le propos sonne juste. Simple et juste. Fort.

Michaël explique que la vie sociale, professionnelle, sexuelle des handicapés ne doit plus être un fait exceptionnel : « J'ai le droit d'aller au restaurant ou en boîte de nuit sans que ce soit un événement. » Il veut banaliser la différence et revendique un droit à l'indifférence. Il raconte aussi que les gens ignorent tout du monde du handicap parce qu'ils ont peur. Alors il faut changer leur regard. C'est sa mission de gommer la différence, et pour cela, il faut faire du bruit, qu'importe s'il faut en passer par un concert de Bob Sinclar ou un match de tennis en fauteuil avec le Président Emmanuel Macron. L'important, c'est de marteler, par le son, par l'image, par la com, que la différence n'est que dans le regard de l'autre. Un peu comme Sartre expliquait qu'il se sentait juif dans le regard de l'autre, Michaël pourrait dire qu'il n'est handicapé que dans le regard de la société.

Ce matin-là, il a aussi raconté son quotidien depuis l'accident de ski survenu l'année de ses 18 ans. Il dit que le tennis lui a sauvé la vie. Le tennis lui a donné une identité, celle de sportif. Sportif avant d'être handicapé. Ou encore champion : quatre médailles aux Jeux paralympiques dont une en or.

Il y a le tennis, mais aussi la force de caractère. La vie est injuste. Parfois, l'adversité vous terrasse.

Parfois, elle vous grandit, vous transcende. C'est le cas de Michaël Jérémiasz. Sans doute grâce à son goût de la vie, son optimisme farouche : « Quand je ne vais pas bien, je pense à demain, et demain est un autre jour », explique-t-il au micro.

Son témoignage, ce matin-là, a suscité une avalanche de réactions. Par e-mail, sur Twitter, ou via le standard, les auditeurs se sont mobilisés pour dire combien la voix de ce garçon les avait touchés, combien Michaël leur avait donné de l'espoir ou, plus simplement, combien il les avait mis de bonne humeur avant d'aller au travail.

Alors, quand Michaël Jérémiasz m'a appelée, plus d'un an après cet entretien, pour me demander d'écrire quelques mots en préface de son livre, je n'ai pas hésité. On ne s'est pas revus depuis ce matin-là, mais je n'avais pas oublié.

Les journalistes sont comme tout le monde ; ils sont aussi le produit de leur histoire, de leurs rencontres. Il y a des sujets qui leur tiennent à cœur plus que d'autres. Pour moi, le handicap n'était pas de ceux-là. J'étais ignorante de ce monde. Je n'y avais jamais été confrontée. Je n'y étais pas vraiment sensibilisée, n'ayant pas de personne handicapée dans mon entourage proche. Je dois même reconnaître que le sujet m'indifférait un peu. Sans doute en avais-je un peu peur. Ce n'est plus le cas depuis cette rencontre.

J'ai appris et compris des choses ce matin-là. Elles m'accompagnent depuis, au quotidien, quand je croise une personne handicapée. Il m'est même arrivé d'interpeller vivement quelqu'un qui était en train de se garer sur une place réservée. Ça m'a énervée.

Il y a des gens, parfois, au détour d'un studio de radio, un doux matin d'été, qui vous font évoluer, qui vous changent.

Pour moi, Michaël Jérémiasz fut de ceux-là.

Chapitre 1
# Les familles heureuses n'ont pas d'histoire

« Sensible, généreux et partageur, à l'âge de 3 ans, Michaël cachait au parc Montsouris ses voitures miniatures pour les offrir à ses copains de bac à sable ; déjà, sa générosité et son sens du partage m'interpellaient. »

Michèle Jérémiasz

J'ai 7 ans, les joues rebondies et un sourire mutin, le teint ensoleillé, de petites cuisses musclées et le torse bombé. Je revois cette vidéo où l'on me remet mon premier trophée : je suis champion de Paris de mini-tennis. Je serre la main des organisateurs, débordant de joie et de fierté, je sautille et mes épais cheveux d'ébène s'agitent. Je découvre l'ivresse de la victoire, le bonheur en rafales, une expérience nouvelle. Mon regard en mouvement est à l'affût de la moindre curiosité. Le monde me semble complexe, recelant de nombreuses faces cachées à mes yeux, des versants abrupts, que j'aimerais escalader un à un. À 7 ans toujours, je deviens également champion d'Île-de-France Poussins aux échecs. Mon grand-père paternel et mon père m'ont transmis cette passion. Ce que je préfère, c'est le rythme infernal du blitz. Cinq minutes par joueur, de quoi produire quelques étincelles sur les échiquiers. Souvent debout sur ma chaise, j'excelle à ce jeu éclair. Ma vivacité me permet de gagner avant l'échec et mat. J'ai depuis conservé les bénéfices de la discipline : une capacité à prendre des décisions rapides, une intuition développée, une implacable repartie et des nerfs d'acier.

Tout jeune, je comprends vite, je suis habile, j'envie les adultes, leur vie, leur liberté de mouvement et de parole. À l'école, je ne prends pas la peine de lever la main, je m'exclame dès qu'une idée germe, j'enfreins les codes. Hélas, le système scolaire n'autorise pas ce genre de débordement. On nous demande d'avaler le monde par belles lampées et de le restituer, dans ses contours précis, en respectant ses frontières strictement tracées. Je voudrais pourtant déjà en explorer les confins, enjamber ses limites, mais l'école n'est pas un terrain d'improvisation, un lieu de lisières. Je suis parfois frustré. Je vagabonde alors en instantané, j'anticipe les questions, partant dans des pirouettes spectaculaires mais retombant toujours sur mes pieds. Je mords la règle en attendant la récréation. Je suis impatient. Je saute la classe de CE1. Au fond, cette décision ne m'enchante guère, j'aurais préféré évoluer avec des camarades de mon âge. Dès mon entrée en sixième, le proviseur de mon collège prédit à mes parents que mon immaturité me fera redoubler la seconde, il aura vu juste. Je suis alors le plus jeune en CE2, et l'écart sera d'autant plus important que je suis né en fin d'année. Il m'est aujourd'hui difficile de rester précis dans ces souvenirs. Tous ceux que l'on croit issus de notre enfance ont en fait été façonnés par les adultes. Je me demande parfois si cette période ne constitue pas une fable fabriquée de toutes pièces, destinée à bâtir un stock de souvenirs. De ce passé brumeux, je garde pourtant des flashs très précis. Je me souviens de madame Seoudy, mon institutrice en CE2, de sa tendresse à mon égard. Nous apprenions nos tables de multiplication en ronde, en nous tenant la main. Nous étions éliminés à chaque erreur. Sa bienveillance m'a touché, il est des regards qui nous marquent.

Entre mes parents et moi s'établit une grande complicité. Bien entendu, je leur cache des choses, mais assez peu finalement, je réclame leur soutien dans tout ce que j'entreprends. Je suis attaché à ma famille ; mes parents m'appellent « Nounou », ma tante me surnomme « Minou ». Leurs paroles affectueuses m'endurcissent. Mes parents se sont rencontrés à 20 ans, ils ont gardé une relation très fusionnelle. Ils partent en vacances avec des valises de livres pleines à craquer et, chaque jour, je les vois lire *Libération, Le Nouvel Obs, Télérama*. Lorsqu'elle a appris l'élection de François Mitterrand, ma mère me portait dans son ventre et remontait la rue Soufflot, face au Panthéon. Elle est professeure d'espagnol, née en Algérie. Elle a cessé d'enseigner quand j'ai eu 4 ans pour se consacrer pleinement à l'éducation de ses enfants. Elle se plie toujours en quatre, tendue à rompre par sa volonté de perfection. La chanson *Les Mères juives* de Georges Moustaki résume en quelques rimes sa personnalité : « Je t'ai acheté deux cravates, tu as mis la bleue avec des pois. Quand tu es venu pour le Shabbat, pourquoi ? L'autre, elle ne te plaît pas ? Je sais que tu n'as plus 20 ans, mais tu es encore mon enfant. Elles sont parfois bien excessives, les mères juives. » Je lui voue un amour inconditionnel, mais ce sentiment extrême peut parfois me rendre fou. Elle est la plus aimante et la plus exigeante. Elle donnerait sa vie pour ses enfants. À l'adolescence, il m'est arrivé de me retrouver au commissariat car je m'étais battu ; j'étais totalement fautif, mais elle m'a quand même défendu. Elle a menti aux policiers car c'était impossible, impensable d'offenser son fils. Elle peut être extrêmement dure avec nous mais, je pourrais tuer devant les yeux d'un juge, elle nierait mon acte avec un aplomb déconcertant. Elle est gaie, observatrice, curieuse. Elle m'a transmis son aptitude à se réjouir du soleil. Mon père, Richard, est cardiologue. Nous sommes devenus complices quand j'ai commencé à m'affirmer. Extrêmement sensible, il aime échanger avec ses enfants. Il est fils unique et nous élève comme si nous étions ses frères. Je me souviens des soirées où, quand mon père rentrait, on se donnait rendez-vous dans la chambre de mon grand frère et la bagarre démarrait. La petite castagne, un des piliers fondateurs de la famille. J'étais comme un lionceau espiègle qui ose défier son père tout-puissant. Dans ces moments-là, le fauve réagit habituellement en posant une grosse patte attendrie sur sa progéniture, ou en esquissant un rugissement censé calmer les ardeurs, mais mon père se laissait faire. Ma mère assistait avec recul à ce rituel synonyme de répit dans sa journée. Elle arborait cette expression sereine et discrète, qui passe souvent inaperçue et s'installe quand le bonheur ne fait pas de bruit. Cette image me paraît assez objective. Nous chahutions constamment. Mes parents sont restés profondément pacifistes et opposés à toute forme de violence, prônant une éducation très ouverte. Je n'ai jamais connu l'autorité pure, les ordres donnés sans explication. J'évoluais avec curiosité, et cette aisance m'a permis de pénétrer facilement tous les milieux. J'ai toujours été considéré comme une personne à part entière, à qui l'on doit le respect, peu importe son âge.

Élevé avec deux frères, je partage le collectivisme propre aux familles nombreuses. Vivre en mon nom m'a longtemps paru réducteur ou inexact, j'étais spontanément plusieurs. Je me réjouis quand nous

nous réunissons : notre famille pèse plus lourd que les autres, on nous observe avec surprise, et envie peut-être. Notre fratrie, c'est un fil rouge dans mon histoire. Elle produit ses valeurs, ses règles et ses liens dans une sorte d'autarcie idéale. Nous avons partagé toutes nos chambres. Là encore, nous nous battons avec affection. Nous réglons nos comptes à coups de poing amusés, toujours maîtrisés. Notre âme joyeusement belliqueuse invente des milliers de jeux. Je me souviens notamment de « Câlin-Baston » : nous nous lançons tous les trois sur un lit et, quand l'un clame « baston ! », le coup d'envoi est lancé, rien ne peut plus nous arrêter. « Câlin ! » crié par un autre annonce une trêve et nous nous pardonnons ainsi, bras dessus bras dessous, nos égarements bagarreurs. Le jeu que nous avons baptisé « Couette-City » nous fait hurler de rire. Nous fermons la porte de notre chambre, nous installons les lits côte à côte, nous nous couvrons de gros édredons et nous sautons sur les lits en nous cognant les uns contre les autres. Je me souviens aussi de ce jeu casse-cou parmi tant d'autres. Nous enfilons le plus de vêtements possible, nous nous protégeons avec des casques de moto, nous escaladons des arbres et nous nous jetons à l'intérieur, hilares, têtes brûlées, 8 mètres plus bas, ralentis par l'épais feuillage et les nombreuses branches. Certains arbres sont mêmes plus farceurs que d'autres, comme ce thuya que nous avons rebaptisé « le Banzaï » : nous le faisons pencher au maximum en nous entassant au bout des branches, puis nous catapultons l'un de nous. Nous avons développé une relation très fusionnelle, protectrice. Ils sont mes frères, selon les lois du cœur plus que du sang qui si souvent éloignent. La vie a d'emblée mis sur mon chemin les êtres les plus à même d'éveiller ma fougue et mon audace.

De deux ans et demi mon aîné, Jonathan excelle en rédaction comme à ski, dans ses épreuves de maths comme dans ses longueurs en natation. Jon m'évoque un volcan, engloutissant tout ce qui pourrait le freiner. Ensemble, nous sommes animés par l'envie d'en découdre. Je veux sans cesse brûler la vie. Jouir de notre détermination, c'est sortir du flou et des obligations de l'enfance pour devenir, hâtivement, un sujet souverain. Nos deux êtres sont si inextricablement liés que tout me paraît ennuyeux lorsque nous sommes séparés. Je fréquente ses copains. À l'adolescence, nous nous encanaillons avec les « cailleras » du quartier. Nous roulons à toute vitesse dans les rues du 12e arrondissement où nous vivons, nous quadrillons l'Est parisien. Nous aimons les fêtes et les folies. Il n'y aura jamais de promesses galvaudées, mais seulement des échanges sincères qui cimenteront nos relations. Nos cervelles stimulées électrisent nos disputes et nos fous rires, surchauffant nos espaces de vie. Benjamin est le cadet de cette fratrie, nous avons cinq ans de différence. Immédiatement, nous le protégeons. Nous sommes ses papas, ses tontons, nous l'initions à tout, nous traçons la voie, nous l'enveloppons de bienveillance, nous le prenons sous notre aile. Quand il a 8 ans, je l'incite à regarder le film *Orange mécanique*, à 11 ans, il nous suit en boîte de nuit. Il devient fort et grandit, sûrement trop vite. Nous sommes des compagnons d'expérience, des champs d'essai, des terrains de jeu réciproques. Nous nous défions sans cesse tout en restant de petits monstres bien élevés. Nous nous exprimons bien, nous savons dialoguer, nous opposer, aucun argument ne nous trouble, aucune accusation ne nous atteint, nulle légitimité ne tient longtemps face à la nôtre. Notre gestuelle est vive et communicative. Nous parlons sans nous reprendre, théorisons aussi vite que nous nous exprimons. Notre esprit critique s'élargit, s'entortille, suscite parfois des oppositions. Mais notre moteur reste l'humour, la dérision, nous aimons nous taquiner, qui aime bien charrie bien. Nous parlons fort, nous rions fort, nous dévorons les débats comme les plats lorsque nous nous retrouvons ensemble autour de grandes tablées. J'aime la loyauté, l'humour, l'intelligence... en y ajoutant un peu de diablerie. Nous sommes comme aimantés dans un rapport de provocation, de force et d'affection. L'intensité peut se faire gravité, l'amusement prise de position, mais nous restons de jeunes démons balançant nos vannes avec des sarbacanes.

Chaque été, nous partons pour le village de Montauroux, dans le Var, pour rejoindre la maison de mes grands-parents paternels. Sur la route, nous sommes tous les trois à l'arrière, nous blaguons, discutons, mais surtout nous nous battons sans relâche pendant des heures, bercés par les morceaux d'Eagles, de Dire Straits, et en particulier sur *Brothers in Arms*. En dépit de nombreuses tentatives infructueuses de notre mère pour nous calmer (à l'aide d'un petit martinet improvisé), notre père doit régulièrement s'arrêter sur la bande d'arrêt d'urgence pour ouvrir les portes arrière et taper dans le lot, mais son impuissance nous fait repartir de plus belle. Nous nous impatientons d'apercevoir la côte splendide, les hauteurs rocailleuses surplombant la mer, les pins parasols, la luxuriance des plantes sauvages, les champs de lavande à perte de vue. Après avoir roulé sur l'autoroute durant des heures, nous attendons la sortie qui nous mènera vers le lac de Saint-Cassien, puis la route serpentine vers ce village que nous affectionnons tant. La tradition veut que l'on se déshabille dans la voiture quelques minutes avant l'arrivée, puis nous nous en extirpons devant le portail de *La Villa Les Garçons*, nous sprintons et sautons nus directement dans la piscine. Ce rituel annonce avec fracas le début des vacances. Des odeurs de cuisine, légumes dorés, viande grillée, s'échappent de la place du village. La voiture immatriculée « 75 » détonne près du champ de boules de la place du Clos. Aujourd'hui, mes paysages intérieurs se dessinent en termes de sensations. Les étés sont radieux, si heureux. Je suis avec des copains, des frères, tout me semble délicieusement tiède, la nuit d'été, la généreuse présence de ceux qui nous entourent, les plaisanteries sans fin, l'expérience de la liberté – tapageuse mais innocente –, l'impatience heureuse que des choses nouvelles arrivent, savoir que j'y ai droit, que je peux prétendre à ces événements qui se profilent et aux changements qu'ils induisent. Mon premier baiser avec Blandine, derrière un pédalo, à 11 ans, me rend déjà tout-puissant, tout comme les brèves amours de vacances qui suivront.

À Montauroux, nous jouons beaucoup au tennis. Une passion commune pour le sport nous rapproche encore. Mon père est un fanatique. Je tape mes premières balles avec Jean-Claude Gelé, à Montauroux, à l'âge de 5 ans. L'année d'après, au TC 12 Bercy, je débute les entraînements avec Richard Warmoes. Dans le Sud, nous participons très souvent les tournois de la Côte d'Azur, chacun dans notre catégorie, et les remportons souvent. Mon père nous suit, admiratif. Nous analysons tous nos matchs. Les murs de notre chambre sont décorés de posters de tennismen, notamment André Agassi et Stefan Edberg, même si nous n'avons jamais été réellement fans. Nous n'avons pas cette attitude. Nous respectons mais nous n'adulons jamais. Ce qui nous plaît dans le tennis, c'est le jeu, la stratégie, jouer avec les nerfs de l'autre, le maîtriser par la force mentale, se mesurer à l'adversité guerrière. Durant l'été 1999, nous partons en famille au Club Med de Smir, au Maroc. Nous participons à toutes les compétitions sportives, avec mes parents comme premiers supporters. Nous gagnons dans tous les domaines : le foot, le tennis, le beach-volley, la natation. La plupart des familles présentes cette semaine-là sont des familles juives séfarades. Pour le tournoi de tennis, je me retrouve en finale contre mon petit frère, son groupe de soutien semble se composer de sosies des comédiens de *La vérité si je mens !* Mon père, juif ashkénaze, très discret, n'est en général pas très à l'aise dans ce genre d'ambiance. Mais mon côté juif séfarade, hérité de ma mère, fait que je m'y sens, au contraire, comme un poisson dans l'eau. Ma mère nous observe de loin. Nous faisons le spectacle. Tout le monde encourage Ben : « Vas-y, fils, tu vas le claquer ! » Leur enthousiasme et leur humour provocateur n'y feront rien : je l'emporte 6-0.

À l'époque, notre mère conserve précieusement tous nos trophées, mais nous savons que nous ne deviendrons pas champions. Nous avons conscience des difficultés et des sacrifices qu'exige le haut niveau. Nous sommes plutôt bons mais nous préférons vivre pleinement l'insouciance de l'adolescence. Mes grands-parents paternels ont acheté une ancienne ferme, restaurée depuis, à Avant-lès-Marcilly, dans l'Aube, et nous y passons tous les week-ends. Mes parents y ont fait construire un terrain de tennis. Là-bas aussi, nous jouons tous ensemble, parfois en double avec mes parents. Ma mère perfectionne son fort coup droit, mon père se montre plus patient, précis. À l'occasion des fêtes de famille, nous passons des après-midi entiers à cet endroit. Puis, le soir venu, mon père prépare sa traditionnelle côte de bœuf au feu de cheminée et, très vite, je me charge de découper la viande. C'est également ici que nous passons des soirées à regarder des films, dont *Le Grand Bleu*, notre grand classique à Ben et moi. Plus tard, nous organiserons « Les parenthèses enchantées » : des fêtes immenses, extravagantes, comme on les aime. Les invités parcourront des kilomètres pour y assister, les portes seront grandes ouvertes : toutes les folies qui s'y produiront ne sortiront pas des murs de la maison. Le bonheur de la fratrie, notre entente, vient de là, de ce socle commun, de cette toile de fond tendue derrière le film de la vie, qui détermine nos inclinations. Tout se passe comme si ces souvenirs étendaient leurs racines à l'infini.

Alors que je suis âgé de 10 ans, ma grand-mère paternelle, Titine, dont mon père était très proche, décède d'un cancer. Je me souviens de mon père qui nous retrouve dans la chambre, vient nous prendre dans ses bras en pleurant et nous confie doucement : « Je n'ai plus de maman. » Les pleurs de mon père, je ne pensais pas qu'ils existent. « Je l'aimais énormément », dit-il avec une tendresse qui rend tout explicable. C'est la première fois que je suis confronté à la mort. J'ai beaucoup moins souffert de sa disparition que mes parents et Jon mais, petit garçon, j'absorbe cela comme la douceur des buvards. Ben, plus petit, n'a pas encore conscience des choses. À l'enterrement, quand vient le moment de déposer les roses dans la fosse, il ne pense qu'à une chose : viser le cercueil. Je me souviens de sa phrase, une fois la fleur lancée : « Ah mince, j'ai raté... » Les grands événements ne se vivent jamais de la même façon. Ma grand-mère me laisse d'agréables souvenirs. Je la revois dans son salon, l'intégrale de Brel en arrière-plan. Elle parlait yiddish avec Mamie Gougouche, mon arrière-grand-mère. Cette première confrontation à la mort m'a seulement effleuré, dans ces vies de lisière qui ondulent, floues, autour de la mienne, qui s'en imbibe indéniablement. Quelques années plus tard, à 14 ans, la nuit, mon cœur bat comme un fou. Je commence à craindre ma propre disparition. Que le monde puisse être encore là sans moi. Que mes yeux qui s'émerveillent de tant de choses cessent soudain de voir. Je prends conscience de l'idée de finitude. J'ai peur de mourir, que tout s'arrête. Il m'arrive de réveiller mes parents pour leur exposer mes angoisses. Je dors peu, je fuis le silence et la solitude. Je repousse toujours l'extinction des feux. L'obscurité, dans sa plus spacieuse inertie, m'inquiète. Durant les heures nocturnes, la lumière qui perle au fond des pupilles augmente la vitesse de la pensée : mes angoisses cristallisent. Le temps s'écoule, s'étire, insiste à faire sans bruit son travail, me pousse vers les incertitudes de l'avenir. Le temps qui passe me harcèle avec une insistance régulière. Cette crainte sans cause ni remède m'envahit : je ne veux pas que la vie disparaisse. Je comble alors chaque soirée pour repousser cette confrontation : j'apprends mes leçons en recopiant des antisèches. Je prépare mes armes.

Depuis quelques années, à l'école, il y a des hauts et des bas. Je suis parfois influencé par certaines fréquentations. Il y a cet élève, qui me suivra de la sixième à la seconde, exerçant une emprise dont je peine mystérieusement à me libérer. C'est la première fois que je me sens atteint dans mon intégrité psychologique. Moi qui ai toujours fait appel à Jon pendant mon adolescence, je lui ai paradoxalement caché pendant plus de six ans cette relation néfaste à laquelle il aurait pu mettre un terme en un instant. Il m'a toujours secouru. Un soir, en sortant de cours, un pote m'informe qu'une bande de mecs m'attend à la sortie pour me casser la figure. Je m'échappe par l'arrière du lycée et rentre à la maison, raconte à Jon ce qu'il vient de se passer. Notre proximité fait notre force. Il me pousse à aller les confronter. Je lui rappelle avec sagesse que nous sommes deux et qu'ils sont cinq. En les voyant tous, nous réalisons que, si ça dégénère, nous avons peu de chances de nous en sortir. Mais Jon possède une grande force de persuasion et d'intimidation. Depuis quelques années, ses relations ne sont pas des plus sereines, il sait comment s'y prendre, il connaît ce genre d'affrontement. Très vite, ils se laissent berner par les paroles de mon frère et ne reviennent plus jamais m'ennuyer. Je m'en souviendrai toujours. Personne n'aura si bien usé de son influence pour m'encourager à m'affirmer, tout en riant de mes certitudes affichées. À l'adolescence, je ne fais pas toujours preuve de courage. Je me souviens d'une soirée où ma mère et moi attendons Ben devant le lycée Maurice-Ravel. Un jeune, plus âgé que lui, jette volontairement son sac par terre et demande à Ben de le ramasser. Ben le repousse et nous rejoint. J'aurais dû sortir de la voiture pour aller le défendre mais je n'en ai pas eu le cran. C'est pourtant ce qu'un grand frère doit faire, non ? Jon, étudiant dans le même lycée, arrive exactement au même moment et je le vois, pour la première fois, se battre et humilier ce sale type qui n'importuna plus jamais Ben.

Quelques mois plus tard, je redouble ma seconde et c'est pour moi un grand soulagement. Quelque chose en moi refusait-il de naître ? de céder ? de s'ouvrir ? Peut-être. Une déflagration qui remet ma vie en ordre. J'ai le sentiment de retrouver une place, la mienne, celle qui m'avait été confisquée quelques années plus tôt, quand j'avais dû sauter une classe. Je me sens mieux. Je commence à perdre du poids, à surveiller mon alimentation et je découvre la musculation. Je m'affine et commence à faire fondre les filles. C'est avec Sophie, une camarade de classe dont je garde un tendre souvenir, que je partage l'une de mes premières expériences intimes. Puis je passe en première ES. Je découvre la philosophie, j'aime ce que j'apprends. J'ai l'habitude d'échanger. Dans ma famille, nous passons les soirées électorales ensemble et les débats sur tous les sujets sociétaux demeurent courants et animés. J'aimerais travailler dans le monde médical. Au fond, je suis un infirmier, un aide-soignant. Je voue une estime et une fascination immenses à ces personnes si précieuses. J'aime comprendre la mécanique des corps, comment les réparer, les soigner. En famille, nous regardons tous les dimanches soir la série *Urgences* dont nous traquons les incohérences médicales. Quel dommage d'être si incompétent en maths et en physique ! Sans de réelles capacités dans ces disciplines, la filière médicale m'est totalement inaccessible. Certains semblent pourtant prédisposés à ce domaine sans pour autant posséder la bosse des maths. Je révise le bac chez mes grands-parents maternels, à Montgeron. Ce lieu, tel un cocon, me coupe de toute tentation. Je me souviens des oranges pressées chaque matin, du pain grillé, des paellas délicieuses de ma grand-mère. Avec affection, ils m'appellent « mon petit ». Une fois le bac en poche, je m'oriente alors vers la filière LEA, langues étrangères appliquées. Je suis doué en langues et convaincu de ne pas y perdre au change : les cours sont principalement suivis par des filles. J'ai hâte.

En attendant, je m'amuse et je multiplie les frasques. Je suis en quête d'adrénaline, de sensations brutes et fortes ; le vent de la vie à grande vitesse. Je saute à l'élastique à la Foire du trône, je travaille mes saltos arrière avec Jon et ses amis sur les plages de Djerba pendant les vacances.

Les sports extrêmes m'attirent par-dessus tout. À travers la vitesse s'exprime une nouvelle forme d'extase. Les frissons m'apparaissent comme une respiration nécessaire. Nous testons nos limites avec mes camarades, mes cousins, mes frères, nous sommes en compétition, nous redoublons d'efforts pour repousser nos forces, et nous affirmons notre sentiment d'existence. J'ai tendance à conduire vite, je tutoie le risque. S'il est contrôlé, il reste une manière délibérée de mettre en valeur le meilleur de moi-même. Je garde l'intuition plus ou moins avouée d'évoluer sous une bonne étoile, de n'être pas tout à fait démuni face à l'imprévu. Je réalise aussi que ces activités intenses viennent contrer mon angoisse de la mort. Le jeu qui naît sur le fil du rasoir est une manière de me confronter à elle, je m'empare un instant de sa puissance absolue. Elle ne m'aura pas. Alors je m'envole, je plonge, je m'élance, je saute dans les piscines, du haut des falaises, je m'amuse. Dans le Sud, nous garons la R5 de Stan, l'ami d'enfance de mon frère Jon, au bord d'un lac artificiel. Elle nous permet de gagner 1 m 50 de hauteur et devient un vrai tremplin. Je fais des sauts de 13, 14 mètres. C'est le moment où seule la vérité compte. On ne baisse aucun curseur. Tout est au plus haut. Un jour, je m'élance dans un saut de 20 mètres, il fallait prendre une grande impulsion, entre les arbres et les rochers, j'ai ouvert la voie, je voulais me mettre au défi, libérer mon énergie vitale que j'imaginais capable de défier les lois de la gravité. C'est certainement le propre de la jeunesse de remettre en cause des choses que l'on prétend universelles.

Nous jouons, nous rions, divaguons dans le Sud, entourés d'amis. Le sang chauffé dans les veines, les poings serrés, il nous arrive de nous défier, de nous admirer, de nous encourager, selon le saut choisi. Il m'arrive de courir de loin, très loin, d'apercevoir une falaise, et de me présenter au bord du précipice sans ciller, je m'élance directement, sans sonder les profondeurs, sans même éprouver ce vertige qui me rend euphorique. L'élan augmente l'amplitude, dessine la beauté d'une parabole. Je prends de la hauteur, j'en ai un désir fou. Je tente de soigner la réception, la cage thoracique se gonfle, j'attrape mes genoux et je tourne sur moi-même, sans savoir pleinement dans quel sens adviendra le plongeon. Les plats sont des brûlures. Mes mains peuvent toucher le fond par surprise. Ensemble, nous nous esclaffons, nous crions de joie, l'adrénaline aiguise nos journées, le soleil vient sculpter nos corps hâlés de jeunes adultes. Je ressens une profonde autonomie. Je suis libre. Se mettre à l'épreuve, jouer constamment avec ses peurs et savoir que l'on ne peut compter que sur soi-même, sur ses propres ressources. J'ai bénéficié d'une incroyable marge de manœuvre. Et, par conséquent, d'aussi loin que je m'en souvienne, j'ai toujours eu le sentiment d'être responsable. Dans ma famille, nous nous faisons confiance. Mes parents se réjouissent de ma bonne santé, qui ne vient pas seulement du corps mais de l'appétit de vivre, de mon ardeur taquine et de mon énergie infinie. Je donne le sentiment de voltiger dans l'espace tout en le surplombant, ils imaginent que ma hardiesse recouvrira tous les creux de l'existence, supplantera tous les chagrins.

Les souvenirs de l'enfance et l'adolescence heureuses me permettent de tout appréhender. J'ai tant aimé cette période, quand nous faisions bloc. La vie nous propose toujours d'aller de l'avant. Parfois, on aimerait simplement marquer une pause, s'arrêter là, parce que c'était parfait ; oui, vraiment, j'aurais aimé vivre indéfiniment ce temps béni, car il y avait tout pour me plaire.

Mais, à 18 ans, je crois encore aux miracles des choses, aux surprises que nous réserve la vie, à son élasticité joueuse, à la rencontre qui vous entraîne. J'ai l'âge des grandes envolées. Quel est le risque ? C'est la vie qui est un risque et je ne veux rien d'autre que la vie.

## Chapitre 2
## La démangeaison des ailes

« Mon frère est très doué pour le bonheur. »

Jonathan Jérémiasz

Nous parlons de fatalité, de circonstances, mais il paraît que la coïncidence nous ressemble. Tous les hasards sont, en quelque sorte, prédestinés, et semblent même complices de ce qui survient. Lorsqu'ils surgissent, nous sommes souvent pris à témoin du cheminement, chaque marque nous apparaît comme une évidence irrévocable. Ces années de prise de risques auraient peut-être dû me servir d'enseignement et me pousser à me retrancher dans la tiédeur d'un nid, mais c'était sans compter sur la démangeaison et la poussée des ailes favorisant l'envol, le détachement, la liberté tant attendus à 18 ans.

Ce jour de février 2000, je l'ai beaucoup raconté, je me souviens précisément de ce moment ; il s'est inscrit dans ma mémoire comme une scène inaugurale. Le ski fait partie des grandes passions de ma famille. La vue des montagnes reste la seule dont je ne me lasse jamais. Nous aimons le tennis mais nous classons de loin le ski comme notre sport préféré. Notre père, qui a toujours gardé un style très élégant, les skis serrés, les bras écartés, nous a enseigné les premiers virages, puis nous avons pris des cours à l'École du ski français. Nous aimons les grandes courbes sur tout type de terrain, les champs de poudreuse sauvage, la liberté que nous inspirent les hauts sommets reculés. En altitude, on pénètre dans les mondes extrêmes où les sensations sont autres, où les repères se diluent, où guettent les esprits farceurs comme les sensations troubles. Les vacances scolaires d'hiver demeurent ce moment privilégié où nous nous retrouvons tous, heureux, festifs, fous de glisse et en famille, souvent avec mes oncles et tantes. J'aime me rappeler ces moments si parfaits, si précieux, j'aurais tant aimé qu'ils perdurent. J'ai commencé à skier à 2 ans et demi, à Avoriaz. J'avais occulté que mes débuts à skis avaient eu lieu dans cette station dont j'ignorais tout lorsque nous y sommes retournés en 2000, avec mes parents, mes frères, mon oncle Dominique et ma tante Marie-Jo – la sœur de ma mère –, mon petit cousin Maxime et Stan, fameux ami à la « R5 tremplin ». Le 7 février est un lundi. La semaine de vacances débute, la neige tombe à gros flocons – de gros patins, comme disent les montagnards –, et il demeure impensable pour nous de manquer ces premiers jours. Le ciel est lourd, bas, la visibilité mauvaise. Les adultes préfèrent rentrer au chaud le midi, boire du thé, bouquiner derrière les grandes baies vitrées qui offrent une vue majestueuse sur les pistes. Toujours impatients, nous avons hâte de retourner dévaler les pentes. Ma mère nous demande certainement de rester prudents, mais nous l'écoutons d'une oreille et détournons déjà la joue du baiser maternel avant de déserter les lieux.

Nous portons des masques et les flocons viennent s'écraser contre l'écran de protection. Même si nous les chassons d'un geste de la main, il devient de plus en plus difficile de prendre de la vitesse. Dans ces conditions, il convient de rester souple sur ses appuis afin d'amortir tous les mouvements de terrain avec douceur. Nous dévalons les pistes à l'aveugle. Nous craignons de nous perdre, le brouillard s'épaissit, nous nous dirigeons alors vers le snowpark, exclusivement réservé aux surfeurs. Cela tombe bien, nous sommes skieurs. Les snowparks sont arrivés en France au milieu des années 1990. Apparus aux États-Unis quelques années plus tôt, ces pistes sont inspirées des skateparks et spécialement aménagées pour la pratique du snowboard et du ski freestyle. Le premier snowpark français a été créé à Avoriaz et la station est celle qui a le plus investi dans cette installation ; les locaux en sont fiers. Elle regroupe différents types de modules permettant de décoller, de glisser sur des rails, de s'élancer dans le half-pipe (demi-tube de neige qu'on parcourt de chaque côté), ou encore de s'envoler sur des big airs. Le big air est un volumineux tremplin façonné par une dameuse, qui permet d'effectuer des figures en l'air. Il y a au-dessus une piste d'élan, puis ce qu'on appelle la table (un monticule de neige), surmonté d'un tremplin. Le rider prend la vitesse qu'il estime nécessaire sur la piste d'élan, déclenche son saut et dispose d'une pente pour atterrir en douceur. Cette discipline consiste à décoller le plus haut et le plus loin possible. Le terrain de jeux semble idéal ce jour-là. Nous y allons, faisons tous quelques sauts puis, après un bon moment passé à nous éclater sur ces bosses folles, vient le temps de rentrer.

Jon nous propose alors un dernier jeu : un concours de sauts dont il sera l'arbitre, nous opposant, Stan et moi. Stan est très bon skieur : adepte des « 360 », il s'élance en premier, prend de la vitesse, décolle de quelques mètres sur le premier jump et vraiment haut sur le second. Il existe deux principaux dangers lors d'un saut sur un big air : prendre une vitesse insuffisante qui ne permet pas d'atteindre la réception, le rider tombe alors sur la table, et prendre une vitesse trop élevée : de cette façon, la trajectoire de chute est trop verticale pour épouser la pente de la réception, cela revient alors à tomber sur une surface plate. Ben se situe en haut du snowpark, il domine les bosses. Jon se trouve au niveau de la dernière bosse, il juge la qualité des sauts. Stan vient de passer en dessous. Je veux réussir, gagner ce satané concours, il faut absolument que l'on comprenne de quoi je suis capable, et j'ai clairement envie de battre le meilleur ami de mon grand frère. Je me lance dans le premier saut, qui est plutôt réussi. Il va falloir que je mette le paquet si je souhaite impressionner : je réduis alors le nombre de virages sur la rampe d'élan pour le deuxième saut, mais je manque de perdre l'équilibre et ma réception reste approximative. Pour le dernier saut, je m'élance et ne freine pas, je ne fais aucun virage, je me jette à pleine vitesse sur cette pente de 40 degrés. Au moment où je décolle du tremplin, je déchausse en l'air et, avec la force centrifuge, mes deux skis partent sur les côtés. J'étais parti pour trouver le soleil, mais c'est le creux de l'espace qui a implosé en moi. Notre organisme est ainsi constitué qu'au-delà d'un certain seuil de souffrance et de peur nous perdons connaissance. L'évanouissement permet l'évitement d'une réalité émotive ou physique que nous avons peur d'affronter. Mon cœur remonte, comme dans les montagnes russes, mais des montagnes immenses, inconnues, et la dernière sensation qu'il me reste est celle d'un train venant s'écraser dans mon ventre. Je revois un grand mur blanc, infranchissable, puis l'espace blanchit d'un seul coup. L'ouïe devient cotonneuse, le regard aveugle. Le choc se transforme en vague intérieure venant submerger chaque zone éveillée. Les connexions cérébrales sont alors éteintes mais protégées, je perds conscience. À partir de ce moment, je rapporte les faits que l'on m'a racontés. Moi, je ne suis déjà plus là. Je m'enfonce au lieu de m'élever. La véritable ascension relève, en réalité, d'une descente dans les profondeurs. Le ciel se renverse pour devenir l'abîme.

Mes frères voient un pantin désarticulé en l'air, un corps inanimé qui vole à 8-10 mètres de haut. Je retombe derrière la pente. L'impact est si violent qu'il produit un bruit sourd. Ben fond en larmes instantanément. Il me rejoint, il se souvient qu'en dévalant la portion de piste nous séparant, son masque s'était déjà rempli de larmes et de buée. Il arrive derrière la bosse et me voit à plat ventre, la tête dans la neige, avec du sang à son côté. Il voit son frère mort. Jon m'a cru mort également, avant que je ne retombe. Le sang vient du front, le masque a dû m'écorcher. Ben pleure des torrents de larmes. Mon cousin nous rejoint. Je reprends mes esprits, on voit que je respire. Ils appellent les secours. Jon dégage mon visage enfoncé dans la neige pour que je puisse respirer, puis il maintient ma tête dans l'axe du tronc et du cou. Je me plains affreusement du dos alors que mes jambes ont triplé de volume. Ce gonflement est tout à fait visible, malgré l'épaisseur et la largeur du pantalon de ski. Maxime pince brusquement mes chevilles, mes cuisses, mais je ne réagis pas du tout. Je demeure complètement insensible au toucher. Ils pressentent le pire. Je voudrais qu'ils me relèvent, ils me répondent qu'il est préférable que je reste allongé pour le moment mais, intérieurement, ils se doutent que je suis incapable de me mettre debout. Ils ne me déplacent pas, ils savent que la colonne vertébrale protège la moelle épinière. S'il existe une fracture à ce niveau, il y a un risque, en bougeant le blessé, de déplacer les vertèbres fracturées et ainsi d'abîmer les faisceaux nerveux. La colonne vertébrale est constituée d'une succession de vertèbres à l'intérieur desquelles se trouve la moelle épinière, cordon de tissu nerveux. Son rôle est d'acheminer les informations entre le cerveau et le reste du corps. Si une ou plusieurs vertèbres sont brisées, la moelle épinière n'est plus protégée et risque d'être tordue, compressée ou sectionnée, avec tous les risques de paralysie temporaire ou permanente des membres que cela induit. Les secours arrivent très rapidement. Un tel accident nécessite une évacuation par hélicoptère mais la météo est si mauvaise que je suis installé, sanglé, sur un traîneau afin de rejoindre le centre médical de la station. Ben l'observe disparaître dans le brouillard, il reste anéanti. Jon appelle mon père. Il lui dit : « Michaël a eu un accident, c'est grave », et la famille comprend immédiatement, avec ces quelques mots, le ton à la fois neutre et sombre, l'ampleur du bouleversement. Ben ne parvient pas à descendre la piste seul jusqu'en bas de la station, il serre fort la main de Jon. Tous deux, en chasse-neige, troublés, choqués, rejoignent comme ils peuvent le cabinet médical où je me trouve désormais alité, sous tranquillisants. Des examens ont été faits. La famille se réunit, observe les radios. Les deux fémurs sont fracturés ainsi que la onzième et la douzième vertèbre dorsales. Mon père est cardiologue, mon oncle, Dominique, généraliste. Ils comprennent immédiatement le diagnostic. Les fémurs se réparent, mais, pour les dorsales, ils savent tous deux qu'il s'agit d'une autre problématique. Mon père s'enfonce dans une crise de nerfs irrépressible, il pleure, marche d'un point à un autre avec la régularité métronomique d'un fauve en cage, frotte brutalement son front et se met à donner de la tête contre les murs. Pourvu qu'à force de s'étourdir il finisse par tomber et que jaillisse hors de sa mémoire ce qu'il vient de voir. Il sait. Il a compris ce qui m'attend et pour lui, c'est impensable. Son fils, joyeux, sportif, solide, son garçon qu'il a vu grandir, gambader, ne peut demeurer paralysé à 18 ans. Il rejette cette pensée de toutes ses forces. À ce moment-là, il voudrait disparaître, s'enfoncer sous le plancher de cet affreux centre médical, s'évaporer dans les lourds nuages du ciel d'Avoriaz, ce même ciel qui lui tombe sur la tête. Sa carcasse l'emprisonne. Ne restent que la dévastation du chagrin, les questions sans l'ombre de réponse des parents – mais qu'avons-nous fait ? –, la culpabilité de ne pas avoir fait assez, ou trop peut-être. Jon canalise mon père, le rassure, le calme. La situation secoue davantage Ben, toujours en proie à un choc total. Mon père m'avouera, dix ans plus tard, que se retrouver en fauteuil roulant à 20 ans était considéré comme la pire des situations par les médecins quand il était jeune interne. Jon tente également de raisonner ma mère qui ne songe qu'à me prendre dans ses bras malgré l'interdiction stricte d'entrer dans ma chambre. Je suis intubé, endormi, sous morphine. Tant que subsistent la sensation concrète de chaleur de mon corps, l'inflexion de ma voix, une gestuelle familière, ce n'est pas l'apaisement qu'elle cherche, ni à se rassurer, mais à déployer son amour, ses caresses, ses mots doux qu'elle ne peut s'empêcher de prodiguer. Elle veut m'envelopper de toute sa protection. Mais bientôt, je pars, toujours inconscient, en ambulance, escorté par la gendarmerie, à l'hôpital de Genève. La route est dégagée par le chasse-neige. L'ambulance disparaît, comme le traîneau l'a fait quelques heures auparavant, dans la brume pesante et impénétrable d'Avoriaz.

N'étant pas autorisée à m'accompagner, ma famille regagne l'appartement, commence à rassembler les affaires, pour la dernière soirée. Cette séparation ouvre des abîmes insondables, creuse des galeries dans les mentalités friables. Pendant ce temps-là, je suis en soins intensifs. Les soins intensifs, c'est lorsque le pronostic vital est engagé. Mes proches vivent leur première soirée sans moi et le soir n'en finit pas de s'étirer, comme pour signifier que cette nuit durera toujours. Sous la neige et dans la tempête menaçante, ils ne savent que faire, où aller, dedans, dehors, ouvrir ou fermer les fenêtres, s'asseoir ou rester debout, rejoindre la table pour tenter d'avaler quelque chose, un morceau de pain, une gorgée de soupe, ils ne savent comment poursuivre, comment trouver une place dans ce lieu désormais impersonnel. Personne ne dort dans sa chambre, ils s'installent tous dans le salon. Puis ils sentent monter en eux une colère imprévue, doublée d'une tristesse et d'une peur soudaines, se sentent habités par une force qui les dépasse, qu'ils ne maîtrisent pas, et se mettent parfois à pleurer, avant de s'effondrer tour à tour. Le fait que je sois loin ce soir-là est un arrachement et ils se sentent amputés d'un membre, mais quelque chose dans cette distance les préserve, l'éloignement leur permet, dans un premier temps, de ne pas être témoins de tout ce que je subis, comme si une frontière existait encore entre l'hôpital et l'appartement des vacances, délimitant l'impensable, cachant la réalité. L'accident conserve encore une part d'irréel, tout peut se rétablir, la radio n'était pas nette, pas tout à fait claire, nous avions peut-être mal vu. À l'hôpital, ils travaillent à mon rétablissement rapide. Les médecins appellent régulièrement pour donner des nouvelles dans la nuit, pour confirmer une opération, mais je ne suis pas là. L'absence est le terreau du fantasme. Nous étions tous ignorants, nous allions apprendre, nous n'avions aucune idée de ce qui allait suivre. L'accident grave d'un être cher éjecte de la réalité quotidienne et propulse dans une quatrième dimension, à la fois incertaine et tranchante.

Le lendemain, ma famille me rend visite à Genève. L'opération a duré neuf heures. Un chirurgien a soudé, à l'aide de plaques et de vis, ma onzième et ma douzième dorsale. Il a ensuite passé le relais aux orthopédistes, qui se sont attaqués à mes fémurs : double fracture du gauche et fracture simple côté droit. Même technique que pour le dos : ils ouvrent, soudent des plaques, serrent des vis, referment avec des agrafes. Toutes les salles de réa ont le même aspect mortifère, les mêmes gémissements et cris étouffés dont on ne peut dire s'ils sont proches ou lointains, les mêmes rideaux orange foncé, la même lumière crue. Les médecins parlent en ces lieux avec des voix limpides, elles aussi venues d'ailleurs, et les patients qui les entendent ne se sentent pas toujours concernés par les bribes de propos aux accents surréels. Il n'y a plus ni jour ni nuit. Il n'y a ni heure, ni sommeil, ni réveil. Des tubes assurent la vie. Enfin une porte s'ouvre, quelqu'un vient, une infirmière qui les invite à la suivre. Franchissant diverses zones inconnues, ma famille avance, ne pense à rien, enregistre sans le vouloir les sursauts des appareils électriques, le bruit des rideaux qui se tirent, contourne des chariots remplis de linge, de compresses, respire l'odeur des désinfectants : autant d'éléments à la fois étrangers et familiers. Je sais que leur première vision glace leurs os. L'effroi coupe les cris. Allongé sur le dos, le drap remonté à mi-thorax, je suis criblé de tuyaux, de sondes, constellé de pansements. Le temps de partager un regard, de rétablir la complicité, la chaleur réapparaît dans leurs corps figés comme des statues. L'opération s'est bien déroulée – je respire, à en croire les cordons d'alimentation branchés, enchevêtrés, certains faisant gonfler sur mon bras un bracelet qui serre et se relâche pour vérifier le débit du sang dans mes veines, l'impulsion insufflée au flux par mon cœur. Les écrans noirs, zébrés de courbes vertes, semblent indiquer que tout va bien. Relié à ces machines, je me sens comme le sujet involontaire d'expérimentations. On comprend tous, à cette vision, que mon corps appartient désormais au corps médical. Tout le monde réalise également que, pour la première fois de notre existence, nous ne grandirons plus de la même façon. Nous n'avions jamais envisagé cette situation, j'ignorais même qu'elle fût possible. Nous nous imaginons séparés par un gouffre absolu de sensations et de perspectives. Je suis en vie mais nous sommes séparés par mes blessures, ma diminution, une vulnérabilité sans fond. On n'essaie plus d'imaginer que les choses ne sont pas arrivées, elles sont désormais concrètes. On a besoin d'aller dans les profondeurs, pour regarder la douleur en face. On comprend tous que je suis en vie, l'hôpital fouille les abîmes mais réactive surtout l'amour. Je suis sous doses intensives de morphine, mes proches me regardent. Je suis heureux de les voir. Je ne souffre pas, je suis bien. Je me lance alors dans une imitation de Marlon Brando dans *Le Parrain*, convoque un à un mes proches pour les rassurer, donne des consignes afin de me venger de ce maudit saut, ordonne à Stan de liquider le concepteur de ce satané tremplin, je répète à mes frères de ne pas alarmer : « Mais ne vous inquiétez pas, ce n'est qu'un passage, je vais retomber sur mes pattes ! » Soudain, le rire prend le dessus. Les yeux s'embuent : la joie est aussi puissante que la douleur. Les larmes du rire, un éclat sauvage, une trêve dans cet épuisement sans fin. Et pourtant, ce sont là des paroles plus légères qu'un battement d'ailes. Des plaisanteries comme nous en avons toujours inventé, qui construisent déjà nos futures armures. J'aurais adoré me souvenir de ce moment.

Je reste quatre jours en soins intensifs. Pour mes proches, le temps s'arrête. Ben se souvient de ses pleurs incessants, too much, il peine à s'alimenter. Il dit aujourd'hui qu'il a pleuré toutes les larmes d'une vie en une semaine. À tour de rôle, à Genève, ils s'effondrent. Ils réservent des restaurants, dorment à l'hôtel, mais traversent ces lieux d'une présence fantomatique. Ma famille endure le flou, dans la zone grise où se nichent les probabilités d'évolution de la paralysie dont on ne sait, au fond, pas grand-chose et le plus souvent rien. La fracture de la colonne vertébrale a provoqué un œdème qui comprime la moelle épinière mais, par chance, elle n'est pas sectionnée. Je peux espérer récupérer un peu de mobilité et de sensibilité des membres inférieurs. Mon corps fait dès lors songer à ces contrées qu'un séisme ou un tsunami détruisent en quelques minutes, propulsent dans le chaos. Ma mère organise mon rapatriement dans un hôpital parisien. Notre voisin de palier, qui en dirige un, me promet une place dans le service orthopédie d'un excellent médecin. Je rentre à Paris en avion avec ma mère. Mon père rentre en voiture avec mes frères et Stan. Ils fixent le paysage qui se déroule dans une banalité révoltante, magasins, néons, routes, feux, piétons. La vie ordinaire qui se poursuit sans nous, personne n'a besoin de nous. Alors je sais qu'ils blaguent, qu'ils rient ; ce cynisme assez noir leur semblant nécessaire, ils se le permettent. Mon père avait sûrement lu *Ô vous, frères humains* d'Albert Cohen, et se remémorait ces phrases : « Les pauvres humains ont aussi besoin de sourire pendant un grand malheur solitaire. [...] Ils ont besoin de répéter des mots saugrenus [...] peut-être pour s'accrocher à la planche de salut d'images étrangères [...], peut-être pour se bercer avec des mots ou des gestes, pour s'hypnotiser et s'engourdir avec des répétitions anesthésiantes, abrutissantes, vaguement souriantes, peut-être pour recouvrir le malheur avec des mots ou des gestes, pour le recouvrir avec un rideau de petites occupations inutiles et ne pas voir le gouffre du malheur, peut-être pour nier l'existence du malheur, pour la nier avec des mots ou des gestes hors de propos et piteusement pour se divertir un peu dans le malheur et se consoler lamentablement. »

Mon premier souvenir après mon accident est la vision de ma mère me tenant la main dans l'avion. J'arrive à l'Institut mutualiste Montsouris, chambre 425. Nous devons attendre qu'une place se libère en centre de rééducation. Je me réveille. J'ai le sentiment d'avoir les jambes lourdes et brûlantes, alors même que je ne sens rien. Du nombril jusqu'à la plante des pieds, j'ai perdu toute sensibilité. Je soulève les draps. Mes jambes sont couvertes de pansements, mes pieds emballés pour prévenir les escarres. Je fixe mes orteils, j'essaie de les bouger, en vain. J'essaie de nouveau. Ils ont bougé une première fois après l'accident, mais je comprends que cela ne signifie en rien une récupération possible. C'est seulement une sorte de décharge électrique spontanée qui stimule les muscles et les extrémités. Pour le reste, tout demeure figé, comme mort. Les journées qui suivent mon rapatriement sont les plus complexes à vivre pour mes proches parce qu'ils sont soumis à une tension nouvelle : ils voudraient fermer les yeux sur la réalité, mais il leur faut annoncer la situation à un grand nombre de personnes, c'est-à-dire raconter l'accident, revivre le drame, ressentir les mêmes émotions, les mêmes douleurs, trouver les mots, le ton, tenter de ne pas s'écrouler, une nouvelle fois. Ils se sont endurcis sans le décider. Ma chambre ne désemplit pas durant ce premier mois. À l'entrée, Jon devient le portier, il donne des consignes. Après m'avoir vu en salle de réanimation, ils se sont promis que personne ne pleurerait devant moi. Pour mon frère, il était inconcevable de m'imposer une tristesse supplémentaire, je ne devais pas gérer les émotions des autres. Jon instaure donc une règle à l'entrée de la chambre : *happy face*. Mes proches attachent une grande importance à l'authenticité des relations, mais mon bien-être prime. Les gens alors se forcent, dans une sorte de mise en scène, mais l'ambiance demeure bonne dans la chambre. De mon côté, au début, je reste isolé par une brume, je ne perçois plus que des sons étouffés. Des voix finissent par percer l'épaisseur d'ouate, mais à peine les ai-je localisées qu'elles se résorbent déjà dans un recoin de mon esprit anesthésié. Les mensonges que je souffrirais d'entendre à cet instant ne franchissent pas les lèvres. Je remercie mes amis, mes proches pour leur respect et leur compréhension. Les paroles de réconfort et de consolation sont des paroles de dénégation car on refuse à la personne l'épreuve qu'elle traverse. Je n'ai pas eu à les entendre. Souvent, je l'ai su bien plus tard, les gens sortent affectés. J'apprendrai des années après que Richard Warmoes, mon premier entraîneur et ami, a dû simuler une envie pressante durant sa visite pour laisser sa tristesse s'exprimer sans me l'imposer. Ma famille est omniprésente, Jon encaisse la souffrance, gère mon état, me protège. La perte de ma grand-mère maternelle l'avait profondément affecté, quelques années auparavant, et il avait traversé un épisode dépressif juste avant mon accident qui, peut-être, le rendait plus solide, capable, en tout cas, de prendre en charge une telle situation. Ma mère, elle, me questionne, souhaite savoir comment je vais, et gère les nombreuses formalités administratives. Dans ce regard qu'elle pose sur moi, je lis déjà tout ce qu'elle souhaite m'offrir – la douceur et la sécurité surtout, l'assurance d'un amour sans faille. Mon père reste effondré, sa sensibilité demeure écorchée, infiltrée, il ne se remet pas. Et ça me bouleverse de le voir ainsi. Cela nous grandit de mesurer les fragilités des infaillibles censés nous protéger, de réaliser que les pères peuvent se révéler incapables de gérer certaines situations. Le handicap des enfants atteint les parents dans leur chair, leur filiation s'en trouve bousculée, écorchée, déstabilisée. Chacun ressent l'indicible de manière singulière, personne ne peut imaginer les tourments de l'autre. Tous se morfondent de la blessure imposée. Moi, je pense : « Comment me faire pardonner ? » Je m'en veux de leur infliger autant de douleur. Cette question m'obsède. À chaque fois que je me confronte aux visites, je me la pose et me la repose. Ben m'a confié plus tard que c'était la première fois qu'il me voyait aussi triste. Je me posais tout un tas de questions, mais je n'en posais pas beaucoup. Intérieurement, je m'en veux tellement. J'ai vraiment fait le con. Je ne souhaite pas que Jon porte une quelconque responsabilité, il ne m'a pas incité à décoller comme je l'ai fait, il est hors de question de porter plainte contre la station ; je me sens pleinement responsable de mon sort. Finalement, je n'ai jamais reçu de coup de pied au cul de la part de mes parents, mais j'ai une capacité énorme à m'en filer seul. Le monde entier n'est pas responsable de ma situation et, si j'avais pensé cela, j'aurais emprunté une très mauvaise voie vers le rebond. Je développe une rage intérieure. J'essaie de retrouver le jeune garçon que j'étais, de récupérer cette posture loquace depuis que des os ont été fracturés, depuis que la carcasse crie, j'essaie de palper le noyau d'une révolte dans cette chair emmurée.

Mon corps fond. Je perds 20 kg en quelques jours. J'ignore comment je vais finir, certainement maigre, une brindille, une virgule. Mes muscles disparaissent, seuls mes os survivent, ces vieilles branches. Mon corps diminue, se désagrège, doucement, sans même un bruit, la nuit sûrement, dans cette obscurité fatale que je n'ai jamais aimée. Je vais perdre de la résistance, les coups de mes frères s'enfonceront dans la mollesse de ma chair. Ben est content, il me bat au bras de fer. Plus tard, il dira que c'est la seule chose qui a changé entre nous ; nous avons toujours gardé les mêmes rapports, le même regard, les mêmes attitudes. Je ne suis pas de ce bois dont on fait les cercueils. Même si je dois demeurer longtemps alité, jamais ne me viendra la tentation de m'halluciner en cadavre. J'ai trop peur de ça. Tant que je suis vivant, je peux encore lutter, me battre contre tout. Je peux tout faire. Chaque jour, je creuse en moi de nouvelles galeries afin d'atteindre cette matière première qu'il me faudra affiner, je cherche une nouvelle énergie pure, mais je descends parfois si profond dans ma mine que tout est noir. Durant cette période, je pleure tous les soirs. Je ferme les yeux, passe les mains le long de mon corps, des pieds à la tête, puis répète mon geste en sens inverse. J'ai besoin de sentir la peau sous la pulpe de mes doigts, de la faire parler des cuisses jusqu'au torse, du torse jusqu'aux cuisses. Puis, fermement, de passer sur le sommet du crâne et le visage, les paupières, et quelque chose en moi se calme dans ce geste sans cesse recommencé. Quelque chose comme une illustration, une preuve de ma présence physique. À certains moments, sentir mon corps m'est insupportable. Et chaque fois, inlassablement, je dois redéfinir les contours de ce corps meurtri qui m'échappe, en redessiner sa géographie intime. Je n'en supporte pas les angles, la perte de rondeurs. Je ne sens plus mes pieds et pourtant des douleurs terribles se réveillent dans mes orteils. Mon dos me fait souffrir. Les cicatrices me tiraillent. J'ai peur. Que deviennent les sensations quand elles ne vivent plus ? Flottent-elles encore en nous ou passent-elles au-dessus, très loin, comme des nuages ? Chaque parcelle de ce corps est une énigme à résoudre, chaque émotion une révolution. Combien de fois devrai-je renaître avant de m'appartenir à nouveau ? Pour le moment, je ne découvre rien, je perds tout, ce corps débouche sur la banquise.

Le temps connaît plusieurs états. Il peut être pesant, palpable, et parfois plus léger, insaisissable. En journée, je n'ai pas le temps d'être triste. On s'occupe de moi du matin au soir. Je partage la plus grande intimité avec les aides-soignants, je leur parle. À partir de midi, ma famille et des amis me rejoignent. Il y a Elvire et Laurie, qui viennent me donner à manger. Je me souviendrai toujours de leur tendresse. Elvire ressentait ce besoin d'être là, elle dormait sur le bord de la fenêtre. Elle me massait les pieds, les talons, avec affection et tendresse. Laurie venait pour manger et échanger. Il y a des moments légers, grâce à mes frères. Nous mangeons des pizzas le soir, tous ensemble, réunis, on écoute Eagles ou Dire Straits. Ils plaisantent, me taquinent, toujours. Rire pour diluer la gêne, dissoudre l'épreuve, pour que les moments soient moins solennels. Rire pour le pas de côté salutaire, pour faire diversion. Nous nous dérobons, nous nous échappons. Nous ne disons rien de définitif, mais je sens les choses : nous conversons, nous palabrons, mais entre les répliques de ces dialogues infinis se nichent les pépites de notre lien, de notre affection, de cette curiosité débordante que nous avons pour les choses, la vie, les gens, nous-mêmes. Un après-midi, mes frères me font une promesse sérieuse : « À partir d'aujourd'hui, nous sommes tes jambes. Là où tu voudras aller, nous irons. Rien ne changera. » Durant cette période, j'ai cette impression que, s'ils sont là, rien ne peut m'arriver. Que si leurs corps à eux sont là, marchent, respirent, accomplissent tous les gestes de la vie quotidienne qui rythment nos existences, que s'ils s'inscrivent dans ce rythme-là, je peux m'appuyer sur eux et mon corps ne souffrira plus. Il pourra marcher, respirer, accomplir les mêmes choses que les autres. Un soir, alors que Jon s'apprête à fermer la porte, à me laisser seul pour la nuit, je m'effondre, devant lui, pour la première fois. Je ne veux pas qu'il parte, je n'aime rien d'autre que leur compagnie.

Ce jour-là, il ne sait que dire, à part bien sûr qu'il sera là, toujours, mais son impuissance me confirme qu'on ne fera jamais machine arrière, que ce qui nous a été pris le sera pour toujours. Sa main sur la mienne signifie « ça ira, tu verras », mais son immense bienveillance, son soutien si précieux ne viennent rien changer parce que, en vérité, il n'y a pas pire juge que soi-même, voilà ce que j'ai appris durant ces années. Personne ne peut réellement compatir, ce réel me laisse seul face à mon incommensurable fragilité. Personne ne peut se mettre à ma place et comprendre, même si Jon et moi, nous sommes, à ce moment-là, perfusés, moi en lui et lui en moi, tant nos émotions vibrent à l'unisson. Ce soir-là, il doit partir, il ferme la porte et me dit « à demain ». Et puis, plus rien. Plus rien que du temps épais, assourdi, comme s'il neigeait encore. J'ai fixé le plafond de ma chambre des heures durant, comme on fixe les murs et les angles pour trouver des réponses à des questions insolubles, mais je n'y ai vu que les ombres projetées du lit d'hôpital, et au milieu, avec elles, mes craintes inapaisées. Je suis seul dans la nuit et, comme souvent, la solitude et la peur sont de bonnes compagnes. Aujourd'hui, je le sais, la peur, même si elle renvoie à la fragilité, ne réduit pas nécessairement notre marge de manœuvre. Il m'a fallu accepter que tout ne peut être contrôlé et que l'inattendu reste une composante de la vie. Avec ce constat, j'ai pu renouer avec ma propre altérité. La peur, elle, peut devenir un stimulant, une façon de rester en alerte, une tonalité de l'esprit qui permet de renverser les choses, de tordre le réel et d'élargir mes horizons. Les mouvances lugubres, les marais incertains, à nous de les dompter.

Je commence alors à questionner les autres. Personne ne vient réellement me dire ce que j'ai. Mon oncle Dominique, lui, me l'explique en détail et sans détours : il y a de l'espoir car la fracture des dorsales a créé un œdème qui a compressé les terminaisons nerveuses. L'œdème va se résorber et je vais progressivement récupérer un peu de motricité, un peu de sensibilité, mais nous ne savons pas encore à quel niveau. Pour le moment, je suis paralysé du nombril jusqu'aux pieds. La prise de conscience prend du temps, l'acceptation des années. Les premières semaines, je récupère un peu de motricité au niveau des cuisses. Chaque jour, je m'entraîne, je tente des efforts considérables pour contracter mes cuisses. Je réussis devant Marie-Jo, ma tante ; je me souviens parfaitement de son sourire, il est intact dans ma mémoire, je lui montre que je plie ma jambe avec fierté. Mais la plus grande angoisse, quand on a 18 ans et que l'on est un homme, ce n'est pas de mettre un pied devant l'autre, mais plutôt celle de ne plus plaire, séduire, prendre et donner du plaisir. Je vis dans l'espoir d'une érection mais rien ne se passe durant des jours et jours. Trois semaines après l'accident, au réveil, je remarque une bosse sur le drap m'empêchant de voir mes pieds au bout du lit. Je veux savoir ce qui s'y cache, je soulève alors le tissu, quand soudain, devant moi, se dresse fièrement la tour Eiffel. Ce qu'il y a de bien dans cet exercice, c'est que vous êtes obligés de me croire. Je souris, la regarde, la touche. Une sensation désagréable, des fourmillements. Peu importe, je suis soulagé, heureux. Enfin ! Il va se passer des choses, il se passe des choses tous les jours. Dans la maternité de ce même hôpital, deux étages en dessous, ma tante Carole accouche d'une petite Marianne, le 11 février. Sa naissance était initialement prévue le 7 février, jour de mon accident. Moi, au-dessus, je renais.

## Chapitre 3
# « Quand il n'y a plus de chance, il y a encore l'espoir »[1]

« Des yeux noirs et brillants comme du métal en fusion. Voilà ce que fut le premier regard que me lança Michaël du fond de son lit, à Coubert. Un regard qu'on ne peut oublier. Un regard qui signifiait : "Je sais que ma moelle est durement abîmée, mais tu peux compter sur moi, je ne vais pas me laisser abattre !" À partir de ces premiers instants, tout fut combat, sueur et dépassement de soi. Entre un kiné et une personne paraplégique, c'est une complicité nourrie chaque jour d'objectifs à atteindre, de limites à repousser, de regards en coin, de confidences, de plaisanteries, de séquelles aussi, un monde qui se passe parfois de mots et qui soude un lien à jamais intact et puissant. Je pourrais vous parler d'un

1. Citation de Jean-Michel Ribes.

Michaël séducteur, d'un Michaël un peu fou et brûlant la vie malgré le handicap, d'un loup parmi les loups au sein d'une famille soudée. »

François Chevet, kinésithérapeute au Centre de réadaptation de Coubert

Une place se libère au Centre de rééducation et de réadaptation fonctionnelle de Coubert, implanté en Seine-et-Marne. Après trois semaines passées à l'Institut Mutualiste Montsouris, on me place sur un brancard et on m'y transfère. Un centre de rééducation, c'est comme un internat : un lieu d'apparence austère peuplé de gens inconnus, de centaines d'accidentés. Je suis surpris de croiser beaucoup de jeunes qui ont payé leur insouciance au prix fort. À 20 ans, l'âge de tous les risques et de tous les rêves, quand l'idéal s'esquisse à peine, et soudain l'élan se fige, s'emmure. Je ne pèse plus que 60 kg, je suis maigre. On me place seul dans une chambre au-dessus des traumatisés crâniens, qui hurlent la nuit. Ces premiers temps à Coubert sont difficiles. Je voudrais le cacher, mais mes frères me savent profondément triste. Toute personne hospitalisée est automatiquement infantilisée, quels que soient les compétences et le dévouement du corps médical : on la fait manger, on lui indique ce qu'elle doit manger. On la fait dormir, on lui dit de se réveiller. De s'asseoir, de s'allonger, de se retourner. On la lave. Elle doit réapprendre à uriner, à aller à la selle, et la maîtrise de chacun de ces gestes fondamentaux s'apparente à un retour à la vie. Un retour au stade de nourrisson. L'intimité partagée dans un centre n'existe nulle part ailleurs. On me présente Yves, un aide-soignant qui me remonte le moral. Il est extrêmement positif, et nous parlons de la vie du centre. Les infirmières, en permanence confrontées à la détresse et à la vulnérabilité, font preuve d'une humanité exceptionnelle, je ne le dirai jamais assez. Ensemble, nous abordons des sujets essentiels. Il faut savoir accepter son impuissance face à certaines situations, en espérant qu'elles finissent par passer. Il me faudra affronter les longs couloirs et les draps blancs râpeux – mais aussi accueillir les paroles douces et les gestes attentionnés de ces personnes qui, sans le dire, me feront comprendre qu'une partie de moi est à jamais perdue. Un corset protège mes fractures dorsales et me cloue au lit. Chaque matin, les aides-soignantes me réveillent, ouvrent les volets, m'apportent le petit déjeuner, avant de me prodiguer leurs soins. Le don de soi est exemplaire. Je vis dans mon lit. Tout se passe ici. Les repas, les visites, la toilette. Le matin, on nous positionne sur le côté, nous donne un suppositoire et, quelques minutes plus tard, on vient récupérer ce qui a été évacué. On me demande si je souhaite être rasé. On me brosse les dents et me frotte la peau à l'aide d'un gant de toilette. Quelques jours après mon arrivée, je peux enfin prendre une vraie douche. Je reste alité mais on me soulève et on me couche sur un grand matelas pneumatique. L'eau commence à couler, elle frappe le carrelage, ma main, éclabousse mon visage, ruisselle sur mon corps. Je profite de ce moment agréable. Les aides-soignants me lavent, me savonnent, me shampouinent. Un rapport particulier s'installe entre nous ; je suis tellement dépendant. Je passe beaucoup de temps au téléphone. J'appelle ma mère : « À quelle heure arrivez-vous demain ? » Mon oncle Dominique me rend visite tous les jeudis, comme un rituel. Il est affectueux, démonstratif et répond honnêtement à toutes mes questions. Il devient mon référent médical. Je me fonds dans la torpeur des objets qui m'entourent, les gestes cotonneux, le ronronnement assourdissant des paroles – et la télé, en fond, autonome.

Après quelques semaines à Coubert, mon kiné m'apporte un fauteuil. Un fauteuil « sécu », comme on les appelle : remboursé par la Sécurité sociale, mais pas du tout adapté à la réalité. Je retrouve malgré tout un peu d'autonomie. Je ne le considère pas comme une affreuse machine, mais plutôt comme le symbole de ma mobilité retrouvée. Il va me permettre de me remettre en mouvement. Je n'ai jamais appréhendé ce tas de ferraille comme une représentation de mon handicap, mais plutôt comme un allié, un moyen de devenir enfin indépendant ; il devient l'instrument de ma liberté. Au début, j'ai la tête qui tourne, il me faut un léger temps d'adaptation avant de réussir à m'en servir.

Je défie toute personne valide de s'asseoir dans un fauteuil, rien ne sera évident. Ce fauteuil que je n'humaniserai jamais s'impose comme une délivrance. Je peux enfin me balader entre les étages. Le personnel soignant essaie, depuis quelques jours, de me convaincre de partager la chambre d'un autre accidenté. Je refuse, je tiens à préserver l'intimité que me procure ma chambre. Mais je n'ai pas le dernier mot et je me retrouve rapidement transféré avec Philippe, 30 ans, une voix abîmée, assis dans un fauteuil électrique. Il s'est fracturé les cervicales lors d'un accident de moto qui l'a rendu tétraplégique. Il n'est pas très bavard, et je peine à capter son regard sous cette casquette qui cache ses yeux. Très vite, il part pour une séance de soins. J'appréhende son retour et espère sincèrement que tout se passera bien. Il rentre épuisé quelques heures après ; il subit une sinusite particulièrement gênante. Notre échange est bref. Il demande à l'infirmière qu'on l'installe dans son lit pour la nuit, puis s'endort. Nous n'avons pas échangé un mot et cela m'inquiète pour la suite. Je peine à trouver le sommeil mais j'y parviens malgré tout, après quelques heures de rumination. La nuit sera courte. Je suis très vite réveillé. Philippe peine à respirer, il ne parvient pas à déglutir pour éliminer l'afflux de glaires. Il est incapable de tousser, de dégager ses bronches pour respirer. J'ai le sentiment qu'il s'étouffe. J'appuie sur la sonnette d'alarme et un aide-soignant arrive. Il lui fait du clapping, une méthode de kinésithérapie respiratoire. Hélas, cela se répète toute la nuit. En quelques heures, je relativise et comprends que ce que je vis est grave, mais que cela aurait pu être pire. Je n'ai pas dormi mais je l'ai soutenu et accompagné. Ce sentiment d'utilité me rend heureux. J'entrevois la possibilité d'une vie de combat, pour moi et pour les autres. Le lendemain, il me confie que, sans mon aide, il aurait passé une nuit encore plus difficile. Nous discutons et naît le début d'une complicité.

Le kiné qui m'a présenté un fauteuil pour la première fois s'appelle François Chevet. Quel nom ! Avec le docteur Le Moël, chef de service, je sens que je suis entre de bonnes mains ! François a transformé mon regard sur le handicap. Il m'observe, il m'écoute, je l'interroge et il me répond posément, avec une précision et une douceur déconcertantes. Il sait qu'il a en face de lui un patient et pas uniquement un cas médical, ce que j'apprécie. Son écoute, sa sensibilité et sa bienveillance sont exceptionnelles. Ai-je déjà eu l'occasion de rencontrer une personne réunissant toutes ces qualités ? J'en doute. Je ne suis pas le seul à le penser, tous ses collègues sollicitent sa brillante expertise. Nous allons parler durant des heures et des heures, et il fera tout pour que je retrouve un maximum d'autonomie. Il m'apportera des réponses concrètes. L'idée de ma paraplégie fait progressivement son chemin. Je révise mon anatomie, j'apprends quelques rudiments de neurologie. François m'accompagne dans un grand travail physique et psychologique. Je me reconstruis, je réapprends. Il est accompagné d'une jeune kiné, Delphine, qui voudrait me choisir comme sujet de mémoire de fin d'études. Elle est très belle, j'accepte volontiers, et nous entrons dans un jeu de séduction. Quel plaisir de plaire à nouveau ! Elle me découvre à nu, toutes mes cellules émotionnelles sont ouvertes. Aidé par la voix discrète, chaleureuse de François, je soulève des haltères, je veux leur montrer à tous les deux que j'y parviens. Mobiliser des parties du corps qui viennent de retrouver leur sensibilité demande un effort considérable. C'est assez désagréable, l'exercice se situe aux antipodes d'un mouvement classique de musculation où seuls les muscles travaillent. Il me faut faire preuve d'une extrême application pour un résultat à peine visible ; un ensemble de concentration et de frustration. Il faut aussi mobiliser les articulations, les entretenir et les masser. J'ai toujours cette sensation que mes jambes me blessent et que mes pieds me brûlent. François ne me promet pas des miracles, mais souhaite que je trouve une nouvelle place. Il sait ma souffrance, combien le renoncement à ma vie d'avant est douloureux, mais il m'accompagne. Il soulage ma douleur physique et morale. Il me prodigue les soins classiques, mais surtout il me propose un nouveau parcours. Il décrète ce qui n'est plus possible, ce qui l'est encore et ce que l'on va développer. Il est présent tous les jours à mes côtés, durant une heure, une heure trente. Je lui pose des questions concrètes :

« Je pourrai conduire une voiture ? » « Je pourrai me lever ? » Chacune de ses réponses m'apaise et m'aide à entrevoir un possible futur. J'envisage un ailleurs différent, une nouvelle vie à bâtir, qui deviennent possibles en pensant et en maîtrisant mon handicap. J'apprends à écouter mon corps lucidement, j'apprends à l'aimer, à le respecter. La blessure est un moment de vérité. François m'explique qu'accepter, c'est comprendre que les choses ne seront jamais comme avant ; je dois désormais me battre non pas contre mais avec mon handicap. Je me fais un « non ». Au lieu d'essayer de me consoler en énonçant des banalités, il m'encourage sur la voie d'une vérité qui me permettra justement de faire face à la perte. Cela me donne l'occasion, si rare dans la vie, d'atteindre une certaine forme de vérité. C'est pour cette raison qu'il y a aussi une dimension positive dans ce face-à-face avec le chagrin. Je touche un noyau résistant et inconnu, niché au plus profond de moi-même. C'est ainsi que j'oublie mon ancien corps, que j'abandonne mon enveloppe. Je renais, et j'aborde le monde différemment. Mon nouveau rapport à lui est à la fois affectif et fonctionnel, psychologique et physique, tout me paraît absolument nouveau. En salle de kiné, l'activité se fait très intense. On étire les jambes, les bras, les mains pour éviter que se créent des rétractions musculaires. Je n'ai pas de muscles ischio-jambiers, je suis donc très souple. Je n'ai pas de fessiers, ce qui fait que je n'ai pas d'équilibre quand je suis debout. Mais je peux tout de même me lever car j'ai conservé des muscles dans les quadriceps. Je tente alors différents exercices permettant le renforcement des muscles, le maintien de la position assise. Je découvre également le bonheur de la natation. Il n'y a plus ni contours, ni frontières, ni différence. L'eau chlorée me porte, me gaine, je nage sans savoir pourquoi je nage, j'exulte de pouvoir enfin exister sans caractéristiques ou signes distinctifs. Je retrouve mon équilibre, la joie du mouvement, l'eau lave mes douleurs. Mon corps est si léger que je parviens à rester debout, je jubile. Je bouge, avec souplesse et fluidité, je retrouve mon agilité joueuse. Plus rien ne semble attaché, lourd, inutile. Mon corps s'oublie et retrouve à la fois sa toute-puissance.

J'évolue, je déambule, je fais des rencontres et partage mon quotidien avec Philippe. Nous nous entendons bien. Je l'aide dès qu'il en ressent le besoin. Nous nous croisons entre deux séances de kiné, dans les couloirs, nous déjeunons et dînons à la même table. Un soir, Philippe me propose de le suivre. Nous sortons du bâtiment principal, je m'accroche au dossier de son fauteuil électrique. Il me tracte. Le centre se situe en pleine forêt, et nous nous engageons dans les bois. Une table, un banc, des chaises et... des fauteuils roulants. Une dizaine d'accidentés de la vie, des amputés, des grands brûlés couverts de bandages, des paralysés sont réunis. Philippe me demande d'ouvrir sa sacoche où je trouve du shit, des clopes et sa pipe. Je n'ai jamais fumé mais Philippe me propose de m'initier. Il n'a plus le contrôle complet de ses membres supérieurs alors il m'explique quelle quantité de tabac et de shit est nécessaire pour rouler un joint. Je deviens son second. Il ne peut plus serrer un objet de petit diamètre alors la pipe remplace les feuilles. Tout le monde fume, on fait tourner les pétards. Je fais désormais partie de cette famille-là alors moi aussi, après les explications précises de Philippe, je roule un joint et tire quelques taffes. Nous faisons un deal : je coupe son shit et il me fait fumer gratuitement. Fumer, c'est ralentir le temps, qui s'ouvre et se libère. Le fleuve ralentit son cours, les rives s'élargissent, la pensée s'allège et dérive, les douleurs neurologiques s'amenuisent. Nous avons l'aval du corps médical. C'est nécessaire pour nous, un moment où nous nous dévoilons, où nous nous racontons notre journée, nos mésaventures, nos histoires de cœur. Nous restons jusqu'au couvre-feu. J'ai le sentiment d'être en colo – moi qui ai toujours voulu faire partie d'une joyeuse bande. Cette consommation de cannabis permet de créer du lien social. L'anormal devient ordinaire, les corps abîmés ne nous surprennent plus, la douleur est notre quotidien, la combattre, notre routine. L'homme possède une formidable capacité d'adaptation, cela nous préserve. Je ne fumerai que dans ce centre. Mais parfois, dix à quinze joints par jour ! Entre chaque séance de kiné, de musculation, de piscine. Cela n'impacte pas une seconde mes séances de rééducation. Je conserve ma grande vitalité. Coubert devient une machine à reconstruire, un lieu où je vis les pires et les meilleurs moments de ma vie, une sorte de joker de neuf mois dans la vie. On ne m'interdit rien. Je fume si je le veux, je mange autant que je le souhaite, je m'amuse, je connais une liberté totale. Nous faisons même des courses en fauteuil. Je me souviens de Josiane, une aide-soignante au regard lubrique de 50 ans, qui vit une relation secrète avec l'infirmier de nuit, et qui a pris la bonne habitude de me réveiller chaque matin en hurlant dans la chambre, ou en soulevant le drap. Un jour, je remplis de grosses seringues d'éosine et de bleu de méthylène et je l'asperge pour me venger. Nous éclatons de rire. L'ambiance est bonne, j'ai le sentiment de vivre au sein d'un joyeux internat. Je n'ai plus une minute de libre et je recommence à brûler la vie. Je découvre qu'elle va continuer. Je développe un véritable monde parallèle en institut et je demande, pour la première fois, à ma famille de réduire le nombre de visites. J'évolue au sein de mon nouvel entourage, de mon organisation, j'ai besoin de temps, de recul et d'investir pleinement les lieux. C'est ainsi que je chemine, au point d'appréhender mon corps comme une nouvelle demeure. C'est le seul lieu où je peux renaître, un lieu de sécurité, qui m'appartient, quels que soient ses contours. Oui, la vie nous corrige, nous rabote, mais elle nous polit aussi ; tant de vagues peuvent nous faire rouler pour mieux nous façonner. Je dois poursuivre ma route, gagner en autonomie. Reprendre le chemin armé de cette saine pensée que rien n'est jamais acquis. Ma famille comprend bien sûr, même si j'ai su plus tard que cela avait été un peu plus dur pour Jon, malgré ses propres occupations. Un an après mon accident, il m'a confié avoir vécu un petit moment de décompensation. Il est tombé sur un morceau de Dire Straits à la radio et il s'est effondré en l'écoutant. Il a ensuite pleuré pendant une heure, enchaînant les morceaux qui lui rappelaient notre enfance ; il a pris conscience que je commençais à vivre sans sa présence, un vide s'est subitement creusé en lui.

Je reprends les 20 kg perdus. Je développe d'autres compétences ; j'ose la récupération, la confiance en moi. Il faut que je valide quelque chose. Je vais alors doubler mes séances. La musculation, c'est une reconquête du corps. Si ma moelle épinière avait été sectionnée, je n'aurais pas pu compter sur ces facultés de rétablissement.

La détermination remplace les forces physiques. Je veux me battre pour contrer la faiblesse de mes muscles. C'est ainsi que je peux reprendre le contrôle de ma vie. Volonté, délectable volonté qui redistribue la donne et aide à grandir. Je l'ai sentie comme des bouffées d'oxygène. Reconquérir son corps reste une véritable réussite. Je parviens à m'aimer de nouveau. La circonférence de mes cuisses et de mes mollets a beau avoir diminué de moitié, je commence à me trouver beau. Je loue cette avancée. Je m'aime et je sais que je plais aux filles qui m'entourent. Le désir reste la seule puissance capable de dominer la douleur. Je croyais que l'accident avait tout annihilé en moi. Mais l'envie revient. Elle revient avec l'énergie et le désir du plaisir. Tant de regards se sont posés sur mon corps nu, délesté de toute intimité, tant de considérations indifférentes, de gestes froids, barbares, impersonnels. Tant d'attitudes ont étouffé ma sensualité, ma fierté, mon orgueil. Mon corps ne m'appartient plus depuis quelques mois, il est devenu un édifice public, une table d'expérimentation, un sujet de conversation. Tous l'ont vu, démasqué, observé, sans me laisser une parcelle de pudeur. J'ai envie de le dévoiler doucement, de faire naître des troubles, qu'on le caresse, qu'on l'adore, qu'on le désire. Je veux des regards impatients, voraces, avides.

Je n'ai pas touché une femme depuis plusieurs mois maintenant. Cela fait des jours que je me cache sous les voûtes de ma cathédrale intérieure. J'étais devenu un bloc impassible qui affrontait la nuit comme l'ultime épreuve à franchir, avant de m'en remettre à l'oubli, espérant me perdre dans la quiétude du sommeil. Je n'étais plus un homme, mais un étrange arbre au tronc calciné par la foudre. Un week-end de perm, j'appelle Sophie, une de mes premières compagnes, pour lui raconter mon accident et lui faire part de mes doutes. Je lui propose de passer chez mes parents. Elle accepte, pour me rassurer. Je dois oser, instinctif, sauvage, me perdre, ne rien imaginer, ne rien calculer, ne pas anticiper de possibles positions, ne pas entrevoir de limites, rien de tout cela, simplement laisser nos muscles et notre sang redevenir vivants, nos mains, nos bouches, il faut finalement y croire encore pour que le désir réapparaisse enfin. Je sens sa peau sous ma paume, j'ai besoin d'inscrire mon empreinte sur son corps, nous inventons une façon nouvelle de faire l'amour, je ne saurais dire à quoi cela ressemble ; c'est comme si c'était une première fois, un acte hybride, maladroit. Seul le mot « désir » compte, le désir réanimé. Un acte tendre pour son petit Lucky Luke, surnom qu'elle m'avait donné après nos éphémères premiers ébats. Ce jour-là, je ne voulais ni sentimentalité ni conscience, ni même tendresse.

Je me suis rappelé, longtemps après, que Sophie avait été ma première expérience sexuelle après mon accident. Nous subissons d'éternels recommencements. Sophie est l'une de mes premières expériences valides, ma première expérience handicapée. Avoriaz, le lieu de mes premiers pas à skis, sera témoin de mes derniers. À Coubert, après cette première fois, mon désir augmente. Le désir ne naît pas du manque, il s'auto-alimente. Je me reconstruis en grande partie en séduisant. J'ai besoin de me prouver que je peux plaire au monde entier. Et de prouver que les femmes peuvent désirer un handicapé. Mon corps devient incandescent, glorieux, il discrédite la dégénérescence des blessures. Le désir libère le corps alors que le handicap l'emprisonne. Le corps comme puissance et élan vers l'autre ; je n'ai pas trouvé meilleur retournement de situation. Mon handicap, mes jambes fines. Il serait dommage de ne pas tirer avantage de cette déficience, de ne pas en faire mon atout. Alors je commence à séduire, et je sens que cela fonctionne. Des infirmières, des aides-soignantes, une patiente tombent sous mon charme. J'adore les jeux de séduction, leur légèreté et la flatterie qu'ils procurent à mon ego. Je m'amuse à tendre des pièges. Je me souviens de cette anecdote : alors que je prends enfin une douche seul, je laisse volontairement tomber mon savon. J'appelle une infirmière pour qu'elle m'aide à le récupérer et j'en profite pour l'aguicher, elle minaude, et le moment devient un jeu délicieux. Je m'aime de nouveau grâce à ces conquêtes qui renforcent mon « capital confiance ». Mes frères avaient bien compris cela. Quand j'étais encore alité, le premier mois, à Coubert, ils m'avaient encouragé à sortir avec une des infirmières. Un jour, à la fin des visites, ils avaient tiré de leurs sacs à dos des magazines pornos et du scotch, pour afficher des photos partout dans la chambre. Une fois leur œuvre accomplie, ils avaient appuyé, fiers d'eux, sur la sonnette pour appeler l'infirmière et ils étaient partis en riant. À cette époque, je ne pouvais pas bouger, et il m'était impossible de désactiver la sonnette, j'étais trop loin. Trois minutes après, on frappait à ma porte et la jolie infirmière entrait. Le message est bien passé !

À Coubert, il n'est pas question de sentiments, juste de flirt et de sexe. Certaines personnes s'attachent. Je ressens toutefois une tendresse particulière pour Delphine, la jeune kiné qui rédige son mémoire sur mon travail de rééducation. Lorsque nous nous sommes rencontrés en mars, il ne s'est rien passé. Elle est ensuite venue me rendre visite trois mois plus tard, en juin, à l'IMM, après une autogreffe fémorale que je venais de subir pour consolider ma fracture à la jambe gauche. Elle était là, au milieu de ma garde rapprochée, et elle est restée après leur départ. Elle s'est cachée le temps de la dernière visite de l'infirmière de nuit, puis a dormi dans mon lit. Une nuit câline et tendre. L'été qui a suivi, je lui ai proposé de m'accompagner en vacances avec ma famille. Six mois après mon accident, je sors enfin pour plusieurs jours. Nous partons tous ensemble, mes parents ont loué une maison à Saint-Jean-de-Luz dont l'accès au rez-de-chaussée présente une petite vingtaine de marches. Je ne pourrai jamais le faire seul. Il faudra toujours que je demande de l'aide. Mes parents, qui ont dû trouver une location dans l'urgence, n'y ont pas pensé. Je ne leur en veux pas, le monde du handicap leur était totalement étranger avant ce bouleversement. Certains réflexes viendront avec le temps. En attendant, je dois donc me doucher dehors et je suis nu, sur la terrasse, non loin d'une rue passante, ma tête dépassant des haies. Mes frères m'arrosent à l'aide de bassines et s'en donnent à cœur joie. Durant cette quinzaine, j'en profite, et je ne me cache pas pour fumer quelques pétards. Des copains arrivent, nous sortons, nous faisons les cons sur la belle place centrale de Saint-Jean-de-Luz, je chéris toujours autant cette agitation. Delphine peine à trouver sa place et décide finalement de rentrer au bout d'une semaine. Je suis incapable de m'accrocher, l'heure n'est ni aux promesses ni aux sentiments. Je traque l'émotion brute et le plaisir en shoot. J'apprécie de me retrouver avec mes proches. Je suis heureux et je leur montre que tout va bien, qu'il n'y a pas matière à s'inquiéter. Je me suis souvent senti coupable, sans forcément me l'avouer, des tourments infligés à ceux qui m'ont accompagné. J'ai voulu rester optimiste pour leur montrer que la vie ne s'arrêtait pas, que ce n'était pas un drame, que nul ne sait ce qui adviendra au deuxième acte, que je pouvais toujours faire les choses autrement. À Saint-Jean-de-Luz, les vannes fusent. Elles n'ont pas de frontières. Rien ne change à ce niveau-là, et heureusement. Ils ne me préservent pas plus que ça, je suis le même pour eux ; le handicap fait désormais partie des railleries, nos rapports n'ont pas souffert de ma condition. Le premier matin, nous décidons d'aller à la plage, même si le programme me paraît périlleux. Nous tombons sur une pancarte qui annonce : « Plages accessibles aux handicapés. » Nous ne comprenons pas ce que cela signifie mais découvrons qu'un chemin en planches mène au milieu de la plage. Nous nous installons sur les serviettes et je scrute l'horizon, je fonds comme une glace au soleil. Mes parents partent se baigner, je les envie. Mes frères, toujours là pour me secourir, décident qu'il est temps de me jeter à l'eau. Ils ne peuvent toujours pas me porter car mes fractures des fémurs ne sont pas consolidées. Mais cette plage met à disposition une sorte de tricycle équipé de grandes roues pour ne pas s'enliser dans le sable, d'une grande toile où je peux m'allonger, et d'un long manche pour pousser cet engin flottant ! Je nage, je retrouve mes frères, tout est comme avant : la vie est vraiment possible si nous la rendons accessible. Le bonheur est tout près. J'y crois. Mon handicap est éclipsé par la présence de mes plus proches. Et avec la joie réapparaît l'espoir. Peu importe qu'il soit illusoire. Je sais que mes parents nous regardent, émus. Je nage avec mes frères, comme mes frères. On se surprend à se projeter, à imaginer d'autres possibles. Mes frangins n'ont pas toujours manifesté autant de sympathie et de dévotion. Je me souviens de vacances au Portugal où, pour m'ennuyer, Ben me laissait en plan devant la piscine, ou en bas des marches. Je ne pouvais que hurler sur mon fauteuil, je dépendais totalement de lui. Ce n'était pas juste. Si je suis en conflit avec une personne, cette dernière n'a pas forcément envie de me porter assistance, je peux le comprendre. Cependant, cela rend l'échange rapidement inéquitable. Ainsi, nous avons inventé après ces événements conflictuels « le droit à la santé ». La règle est simple : peu importe ce qu'il se passe entre nous, ils m'aideront toujours. Mes frères redeviennent mes jambes, comme ils l'avaient promis. Ce sont deux personnes loyales et honnêtes et, à partir du jour où le serment a été prononcé, il a toujours été respecté.

En mai, trois mois après mon accident, alors que je reprends le sport, la musculation, la natation, je demande à ma mère de m'apporter ma raquette pour taper quelques balles sur le mur de ma chambre. Je propose à l'un de nos professeurs de sport de jouer avec moi. Je ne pensais pas qu'il allait m'amener un fauteuil de tennis et qu'on allait jouer sur le court. Nous faisons énormément de sport en centre de rééducation, car nos bras deviennent nos jambes. Nous devons développer le haut de notre corps pour pouvoir être capables de nous porter toute la journée : du lit au fauteuil, du fauteuil aux toilettes, de la chambre au restaurant, etc. Le sport devient rapidement un outil de performance. Il me permet également d'habiter le temps autrement. Le temps ne passe pas, il est compté. Je suis avec lui, à côté, je l'absorbe, le palpe, j'oublie l'avant, l'après, l'instant devient éternité. Mentalement, les effets sont exceptionnels. Quelques jours seulement après ces premières balles, mon professeur au flair redoutable appelle Pierre Fusade, le directeur sportif du tennis handisport. Ce dernier me rend visite à Coubert. Il m'invite à assister à la finale de la Coupe du monde par équipes, qui a lieu à Paris cette année, en juillet 2000. Je m'y rends avec mon père et mes frères. Le match oppose l'Australie aux Pays-Bas, David Johnson et David Hall contre Robin Ammerlaan et Ricky Molier. Je découvre un sport qui me plaît. Le match se révèle palpitant. À ce moment-là, intérieurement, je pense que je suis capable de le faire. Tout haut, je lance à mon père et à Jon : « Vous savez quoi ? Un jour, ces mecs-là, je les battrai. » Ils me connaissent, rouler des mécaniques est ma spécialité. Mais qui aurait cru qu'un jour cette prophétie se réaliserait ? Je sais que ma volonté décuple ma détermination. Je me découvre une capacité déroutante à aller jusqu'au bout : un fanatisme qui m'emporte. J'éprouve le besoin désormais de me forger un peu plus, d'allonger mes mouvements, je finirai peut-être par savoir qui je suis vraiment.

Faire du sport va contribuer à mon bonheur, c'est une certitude. Le sport est une façon de s'exprimer. L'action va venir satisfaire mon besoin d'agir, mon plaisir de réussite, de renforcer mon corps. Et puis, ces prochaines victoires que j'envisage seront une revanche commune. Notre victoire à nous, les Jérémiasz. Alors je continue à jouer. J'ai toujours été un bon joueur, mais il va falloir que j'apprenne les bases du tennis fauteuil, que je me réadapte. Être privé de l'usage de membres reste une punition qui invite à la ruse. Être privé d'un sens, c'est se trouver dans la nécessité de définir d'autres repères, de nouvelles façons de vivre, des curiosités gagnantes. Je suis diminué mais non résigné, j'explore l'espace différemment, dans ce mouvement intérieur volontaire.

Être libre, ce n'est pas le contraire d'être prisonnier, emmuré, mais la capacité d'assumer ou non les situations que nous habitons, et plus généralement notre histoire. Un homme n'est libre que lorsqu'il assume les épreuves dans lesquelles la liberté s'éprouve. Je vais être libre et heureux. Je vais de nouveau jouer. Je réalise que je possède une rapacité pour le bonheur. La gravité ne sera pas de mon monde et, puisqu'il m'est insupportable de faire pitié, mieux vaut faire envie. Je quitte le souvenir de mon ancienne vie, je ne veux plus m'y mouvoir. Je quitte Coubert en octobre, neuf mois après mon accident. J'ai repris 20 kg de gras, de muscles et de vie. Les professionnels ont été exceptionnels et je ne les remercierai jamais assez pour leur écoute et leur accompagnement dans mon nouveau projet de vie. C'est une chance de les avoir eus à mes côtés. Ces personnes possèdent une force incroyable, une immense responsabilité qui n'est pas assez valorisée. La reconstruction d'une personne handicapée débute dès le premier jour. Nous avons vécu une belle histoire ensemble.

Mon corps a flanché, mais c'est au bord de ce nouveau précipice que je vais tenter de me positionner, de m'installer, de garder l'équilibre, et peut-être même de m'envoler.

## Chapitre 4
## « Un match est un accès de confiance »[1]

« Au moment où vous pensez maîtriser ce sport… la vie vous offre une autre perspective. Ces gars sont des héros. »

Novak Djokovic,
joueur de tennis professionnel

Avant mon accident, j'étais classé 5/6, un niveau tout à fait correct mais bien éloigné des champions mondiaux. Je me lance dans la compétition en tennis fauteuil avec le soutien inconditionnel et financier de mes parents et de mes frères. Personne ne m'a poussé, je l'ai fait par envie. Quand j'ai assisté à ce match de Coupe du monde, j'étais impressionné. La vitesse à laquelle ils se déplacent sur le court m'a sidéré. Les jeux en double offrent

1. Citation de Jean Giraudoux.

des moments d'anthologie. Il y avait quelque chose de fascinant, de spectaculaire. Le tennis en fauteuil n'ayant rien à envier au tennis valide, il partage les mêmes règles à une exception près : un deuxième rebond de balle est autorisé, mais rien n'oblige à le prendre. La raquette est la même, la balle également, la taille du terrain, le filet, le scoring : tout reste identique. Les fondamentaux sont les mêmes, ce sont le regard et la stratégie qui changent. Il y a trente ans, les fauteuils pesaient plus de 25 kg, mais aujourd'hui, avec les nouveaux matériaux, on pourrait se retrouver à un rebond. Dans le top 10 mondial, on joue de plus en plus à un seul rebond. Il faut en revanche savoir que le sport n'est pas le même. Il m'est arrivé d'échanger à l'entraînement quelques balles avec Gaël Monfils à Roland-Garros ; il ne parvenait plus à jouer si la balle n'était pas parfaitement placée. C'est un autre sport. Je ne suis pas étonné. Nous sommes les seuls joueurs à travailler avec les deux bras en même temps : une main sur les roues en permanence pour avancer et la raquette dans l'autre. Au service, sur les retours, nous nous retrouvons souvent en perte d'équilibre, nous n'avons pas d'appuis au sol et il est encore plus difficile de se trouver à la bonne distance de la balle. En fauteuil, il n'y a pas d'ajustements possibles. Novak Djokovic ne dira pas le contraire. En 2015, à l'US Open, juste avant sa demi-finale, Djoko me précède dans le vestiaire et nous propose, avec mon frère Ben et Andy, un joueur handi anglais, d'aller échanger quelques balles. Il tient à essayer le tennis en fauteuil et m'emprunte mon fauteuil de ville. Il se rend compte de la difficulté de l'exercice et ne réussit pas à attraper les balles à plus d'un mètre de lui. L'angoisse de son coach Marián Vajda est palpable, il n'a peur que d'une chose, c'est que Novak tombe en arrière. Tout cela se produit sous le regard amusé de Boris Becker, en train de filmer la scène avec son portable. S'ensuit un double spectaculaire – Andy et moi contre Novak et Ben – devant une foule ébahie. Nul besoin de préciser que nous avons gagné la balle de match sur une volée amortie rétro échouée lamentablement aux pieds de Ben, au grand dam de son partenaire. Les athlètes savent se reconnaître entre eux. Ils ont conscience des difficultés qu'il faut surpasser pour arriver à ce niveau, des sacrifices que le sport réclame. Le handicap ne crée aucune différence : un champion est un champion.

Je déteste mon premier entraînement au Tennis Club de Montreuil. Je me sens frustré de ne pas pouvoir bouger. L'apprentissage de la mobilité prend des mois, voire des années. Nous sommes beaucoup plus bas, les trajectoires changent radicalement. Jérôme Delbert me coache de 2001 à 2005, je lui dois tout. Une fois les techniques de déplacement acquises, il m'enseigne la régularité, l'agressivité, la stratégie, la constance. Il parvient à rendre la discipline ludique. Les bras sont nos jambes, seul le haut du corps permet de se déplacer : les abdos, lombaires, obliques, biceps, triceps, épaules et le cou sont sollicités. Je muscle le haut de mon corps et je deviens très costaud. Tactiquement, il faut occuper l'espace. Je suis un ancien joueur valide avec le « bon handicap ». Je suis paraplégique bas, avec des abdos et un peu de motricité au niveau des jambes. On dit de moi que je suis un hargneux, un monstre physiquement, un spécialiste de la volée amortie, je brouille les pistes et je suis aimanté par le jeu vers l'avant. J'aime l'ambiance de mon club. Je me souviens de Cherif, qui vient interrompre mes entraînements pour blaguer, de la tendresse de Naima à mon égard, des jeunes de l'académie Mouratoglou, curieux de voir un mec sur roulettes pratiquer leur sport, des plâtrées de spaghettis bolognaise concoctées par Mam.

Mon ascension devient fulgurante. Je choisis une vie qui balaie les habitudes et les précautions, celles qu'on rassemble pour la tranquillité. Je déteste les limites, l'ordre des choses. Je choisis une vie qui avance avec des dispenses, des désobéissances, hors des normes. Je m'écarte des matelas et des plans qu'on aurait prévus pour moi, réfléchis à ma place. Je fais recommencer les parties de zéro, avec des bras gonflés à bloc, une mémoire qui occulte les souffrances physiques, un corps qui avance comme une machine de guerre, pour la victoire : je me fais sportif, combatif, je ressasse au fond du crâne, la litanie de la volonté, la volonté qui ne parle que de mon but. On ne dévie pas de cette détermination-là. La seule qui vaille. Il faut esquiver, s'en sortir, se sauver des sorts qu'on nous a jetés. Je suis un tennisman qui en veut. Je commence à m'entraîner à la fin de l'année 2000. En mars 2001, lors d'un stage, je bats Didier Ferrero, un joueur de l'équipe de France. Après cette victoire, j'appelle mon père, pour lui raconter ma perf du jour avec fierté. Comme toujours, il reçoit cette nouvelle avec enthousiasme. Didier me prédit après le match que je serai un grand champion. En 2001, je deviens champion de France individuel, première série, la plus haute distinction nationale. Mon père a toujours été mon plus grand fan. On me révélera plus tard qu'avant le match il était déjà en larmes sur le parking, ému de s'apprêter à me voir disputer cette finale moins de deux ans après mon accident. Je sens que ce n'est qu'un début. Mon grand frère me disait toujours : « Putain, gros, ce sport est fait pour toi. T'étais très bon techniquement et mentalement, mais tu as toujours eu un jeu de jambes de merde. » C'est comme si je m'étais faufilé dans une faille qui a constitué toute ma chance. Je participe aux Jeux paralympiques d'Athènes, en 2004, et remporte deux médailles : l'argent en double, avec mon pote Lahcen Majdi, et le bronze en simple. Seulement quatre ans après mon accident, c'est un moment extrêmement fort, que je partage avec tous mes proches qui ont fait le déplacement, dont Marie-Jo et Dominique, qui n'ont par la suite manqué aucun de mes matchs aux Jeux paralympiques. Je les entendais tous hurler : « Allez, gros ! » Une injonction qui m'a suivi durant toute ma carrière, et désormais ancrée dans ma chair. Athènes, c'étaient mes premières médailles. Mon père fond en larmes dans les tribunes, mon frère Jon se repasse tout le film depuis mon accident. Il saute sur le terrain, me prend dans ses bras et pleure de joie. Un vigile lui tombe dessus, je l'écarte, demande à Jon d'arrêter de pleurer sinon je risque d'en faire autant. Ben et Cyril sont abattus tant l'émotion est intense. Mes trophées, c'est une quête de ce que je n'ai pas eu. Le sport s'apparente à une résurrection. La réussite sportive, c'est une victoire psychique. J'enchaîne les titres, je deviens la même année numéro un mondial en double. 2005 est mon année la plus aboutie en simple. J'atteins la finale du Masters et deviens numéro un mondial. C'est une de mes plus grandes fiertés sportives. Numéro un mondial, cela signifie que, sur l'année, je suis le meilleur du monde. Il me paraît plus difficile d'être numéro un mondial que champion paralympique, où il s'agit plus d'une compétition d'un jour. Pour devenir numéro un mondial, il faut être le meilleur sur la moyenne des plus gros tournois de l'année. En double, je remporte mon premier titre du Grand Chelem lors de l'US Open, avec le Néerlandais Robin Ammerlaan. Je réalise, avec lui, le doublé l'année suivante. Je gagne l'Open de France, qui constitue à ce moment-là le plus gros tournoi français de tennis en fauteuil. En finale, je bats le numéro un mondial de l'époque, David Hall : je suis mené 5-0 au troisième set et je gagne 7-6, devant un public français acquis à ma cause, au parc de Sceaux. C'est une de mes plus grandes émotions sportives car tous les ingrédients étaient réunis. En 2005, pour la première fois, Wimbledon nous laisse fouler son gazon si précieux et organise un tournoi de double. Je remporte cette première édition aux côtés de mon ami Jayant Mistry, qui reste un de mes complices sur le circuit. Le match est retransmis en direct sur la BBC, puis nous sommes invités au traditionnel dîner des champions où sont mis à l'honneur tous les vainqueurs du tournoi de gala. Nous posons avec Roger Federer. Venus Williams nous cite dans son discours et déclare être honorée d'avoir gagné l'année où le *wheelchair tennis* a été intégré. C'est une sensation étrange de passer de l'autre côté, mais cela me plaît follement. J'ai suivi Agassi dans ma jeunesse. À l'adolescence, je portais le même short en jean et des cuissards roses. À 20 ans, j'avais le crâne rasé, je portais de faux diamants aux oreilles. J'aimais son style, son histoire. Et puis, avant sa dernière finale de l'US Open, en 2005, je me suis retrouvé à ses côtés dans les vestiaires et il m'a demandé mon avis : « Polo noir ou polo bleu ? » La scène est savoureuse. Mon souvenir le plus tenace et heureux reste peut-être la médaille d'or en double avec Stéphane Houdet, aux Jeux paralympiques de Pékin. Je revois la balle de match : c'est à moi de retourner le service de nos adversaires suédois. Je me concentre – Ben dit que j'ai toujours eu du mal à faire abstraction de mon environnement, faire le vide total, rentrer dans ma bulle. Il a raison, je suis tellement connecté au public, à mes proches, j'aime tant le partage qu'il est impossible, à cet instant précis, de m'échapper dans un espace de solitude. Ce jour-là, Stéphane, mon partenaire, vient me taper dans la main pour me signifier qu'il s'en remet à moi. On connaît tous deux les enjeux. Je me place, prêt à entrer dans l'histoire, fixe mon adversaire. Il sert, je me décale en coup droit. Je renvoie la balle au milieu du terrain dans un cri abominablement poussif ! Mais les Suédois sont aussi sous pression, la balle de mon adversaire s'écrase vingt bons centimètres à l'extérieur du couloir : jeu, set et match ! Nos raquettes volent, je fonce vers Stéphane, on s'embrasse, valse en fauteuil. On l'a fait ! C'est la consécration ultime et presque magique. J'ai la sensation d'avoir tout gagné. Je me souviens de crampes dans les pectoraux tellement je serrais le poing sous les ovations ponctuées de nombreux : « Allez, gros ! » Je subis des mouvements frénétiques semblables à une transe. La hargne donne une valeur à mon corps. Mon être s'y attache désormais d'une manière totalement nouvelle. Je me sens libéré de la peur de souffrir. La douleur dans le sport m'affûte, m'aiguise, me raidit, me tend. Ce jour-là, à Pékin, nous cassons le protocole. Nous mettons le feu sur le terrain. Nos deux familles sont là, soit cinquante personnes, ainsi que notre staff. J'entends les premières notes de *The Way I Are* de Timbaland, ma chanson préférée de l'époque. Cela me rend fou. Nous nous lançons dans une danse improvisée. Je jette mon T-shirt dans la foule, comme une rock star. Stéphane et moi effectuons plusieurs tours de stade, tels des gladiateurs victorieux. Massimo, un des deux juges arbitres, vient me voir : « Michaël, il faut partir. » Partir ? Mais je savoure tellement ! J'aimerais que cet instant se fige. La finale simple a beau se jouer après, nous restons là, sur le terrain, acclamés par les 12 000 spectateurs, durant une demi-heure. Mon père est en larmes, submergé par l'émotion. Avec Jon, nous appelons Ben, resté à Paris pour ses partiels : « Elle est où la Golden ?! » Nous hurlons dans le combiné, incontrôlables. Ma famille me soutient, me supporte ; ma reconnaissance, c'est la fierté que je peux lui apporter. Lorsque j'ai la hargne, avec la rage de vivre et de vaincre, et que je vois leurs yeux qui brillent, il n'existe pas de plus belle récompense. Le sport répare mes blessures mais aussi celles de mes proches. Cette victoire ne serait pas aussi belle et forte si je ne la partageais pas avec eux. Mon clan est là, toujours, réuni, solide. Je suis du reste celui qui possède la plus grande délégation. Où serais-je sans elle ? S'ensuit une grande fête le soir même, à Pékin, avec piscine, supporters, jusqu'au petit matin. J'ai même manqué la visite de la Grande Muraille prévue le lendemain. Ma victoire me semble à ce moment-là plus solide et imposante que tous les monuments historiques du pays. Peu de temps avant, dans le cadre de mes cours à Sciences Po, j'avais fait un exposé sur les Black Panthers. J'avais étudié ce geste de rébellion de deux coureurs afro-américains, John Carlos et Tommie Smith, brandissant le poing pour protester contre la ségrégation raciale, alors qu'ils se trouvaient sur le podium après avoir couru le 200 mètres lors des Jeux olympiques de 1968, à Mexico. J'ai toujours vu dans cette image un geste symbolique fort pour défendre l'égalité des droits. Stéphane jouait avec des gants ce jour-là. À cette époque, j'étais ambassadeur pour Amnesty International. L'événement était trop médiatisé et mon engagement pas assez fort pour que souffle un vent de révolte mais, à la manière des Black Panthers, nous avons tous les deux levé haut notre poing ganté de blanc lors de la remise des médailles, avec une pensée pour le Tibet libre. La photo qui reste de Pékin est celle-ci. Je me souviendrai toujours du vol retour pour Paris. Stéphane est juste devant moi. Il se retourne régulièrement. Nous nous regardons, fiers, satisfaits, nous ne disons rien, mais nous savons quel exploit nous avons accompli. Nous l'avons fait. En devenant champion de tennis, vainqueur du Grand Chelem, médaillé paralympique, je suis sorti de cette enveloppe de personne handicapée. Avant cela, je n'étais pas un homme mais un jeune homme, un patient en centre de rééducation. Le sport de haut niveau m'a créé une identité et c'est en ce sens que j'encourage toutes les victimes d'accident à s'orienter vers une pratique sportive. Il est un outil de reconstruction et d'autonomie hors norme. Ces matchs m'ont permis de découvrir les nouvelles limites de mon corps et de les redéfinir, les déformer et les étendre. Faire vibrer sa peau jusqu'à en abolir les tensions et agrandir l'espace.

À partir de 2005, les sponsors affluent. À cette époque, nous sommes quelques privilégiés à vivre du tennis en France. Trois ou quatre pour environ 300 licenciés. La pratique du tennis en fauteuil à haut niveau coûte cher. Il nous faut financer nos entraînements, nos déplacements en tournoi, nos hôtels, repas, ce qui représente entre 80 000 et 100 000 euros par an. Le tennis en fauteuil est un sport où les gains en tournoi sont croissants mais insuffisants pour financer une carrière en professionnel. Nous sommes donc dépendants du sponsoring privé. Aujourd'hui, les meilleurs champions peuvent aussi compter sur l'aide de la Fédération française de tennis. La bonne implantation de la FFT dans le pays devrait participer au développement du tennis en fauteuil. Mais sa progression n'est pas simple. Durant des années, j'ai bataillé avec Christian Bîmes, l'ancien président de la Fédération française de tennis, qui refusait d'entendre parler d'une compétition en fauteuil à Roland-Garros. Il estimait qu'on abîmait les terres battues. Roland-Garros était donc le seul et dernier Grand Chelem à discriminer les athlètes handicapés. Il a été le tout dernier à se convertir au tennis en fauteuil.

Aujourd'hui, la compétition se déroule au même moment que les rencontres du prestigieux tournoi et les joueurs ont droit au même traitement que Rafael Nadal et les autres. Il ne faut jamais abandonner les combats, même si des progrès restent à faire. Les gains et le nombre de spectateurs en tribune ne sont pas les mêmes ; des différences majeures. Ce que touche un joueur handi après avoir gagné un Grand Chelem reste minime, de 9 000 à 30 000 euros. Et les Grands Chelems sont réservés aux huit meilleurs mondiaux. Il faut démocratiser la pratique du tennis en fauteuil. C'est une responsabilité qui incombe désormais à la FFT, plus à la FFH. Depuis mon arrivée sur le circuit, les meilleurs Français sont d'anciens joueurs valides accidentés, à l'exception du très talentueux Nicolas Peifer. L'avenir du tennis en fauteuil se joue maintenant. Nous devons lancer sur tout le territoire des initiations dans les centres de rééducation, les foyers, les hôpitaux pour donner envie de faire du sport à de jeunes handicapés.

Stéphane Houdet commence le tennis en fauteuil en 2005. Il est mon partenaire de double en 2006, 2007, 2008, nous devenons la meilleure paire de double au monde. Nous sommes deux anciens joueurs de tennis ; nous développons une vraie connaissance de ce sport, les informations circulent rapidement, nous possédons un bon sens tactique, très percutant, et nous devenons complémentaires. Nous avons l'avantage d'avoir tous les deux joué au tennis avant notre accident. Il était classé 2/6 à 17 ans. Rien ne nous résiste. En 2012, nous sommes encore la meilleure équipe et nous écrasons tout le monde. Nous vivons une période dorée. Nous gagnons tout : les Jeux, Roland-Garros, Wimbledon, les Masters et je ne sais combien d'autres titres. Mais, comme dans de nombreuses relations, il y a des divergences : divergences dans nos manières d'envisager l'existence et dans nos engagements. Les tensions se font sentir mais nous ne nous confrontons jamais suffisamment. Il y a une perte de complicité et de confiance. Après 2012, nous restons les deux meilleurs joueurs mais, sans complicité, notre toute-puissance se délite. Nous aurions pu marquer l'histoire comme les frères Bryan pendant une décennie, il aurait ensuite continué avec Nicolas Peifer, mais nous allons jusqu'aux Jeux de Londres en 2012, où nous ne remportons que la médaille de bronze en double. Contre toute attente, je remporte une nouvelle victoire à Wimbledon en 2012, avec le très jeune Néerlandais Tom Egberink, à l'US Open en 2013, avec de nouveau un Néerlandais, Maikel Scheffers, et le seul titre du Grand Chelem qui me manquait, l'Open d'Australie, grâce au Japonais Shingo Kunieda, en 2013.

L'éloignement de Stéphane, pourtant classique dans les équipes, me touche car je garde davantage de bons souvenirs en double qu'en simple. Ce n'est pas dans l'individualisme que je me réalise le plus. Je me suis vraiment amusé en compétition par équipes. J'ai été trois fois champion du monde par équipes. En 2009, quand on gagne la Coupe du monde alors que ça fait des années qu'on faisait des demi et des finales, c'est un grand moment. Je rase toute l'équipe : Stef, Nico, Fred, Jean-Luc notre coach (qui n'a de toute façon pas de cheveux) mais aussi Pierre et Jean-Pierre à qui l'on doit l'arrivée du tennis en fauteuil en France. Ce que j'aime par-dessus tout dans le sport, ce sont les moments de partage. Quand c'est en simple, il vaut mieux que toute ma garde rapprochée soit derrière moi mais, quand c'est en double, il y a aussi la garde rapprochée, le binôme avec qui il se passe quelque chose de fort, surtout en cas de victoire. J'ai toujours rencontré chez les athlètes une volonté de se surpasser associée à la rage de vaincre. Je garde des souvenirs marquants du tournoi de l'île de Ré, où j'ai tissé des liens avec des gens profondément généreux : Jules, Stéphane, Yann. Je me suis fait des potes, je pense notamment à Aryan, un de mes plus proches désormais. J'ai fait sa connaissance à l'Open de France, en 2002, un tournoi qui me laisse aujourd'hui des souvenirs impérissables. Aryan a commencé comme ramasseur de balles, puis est devenu arbitre, avant de coorganiser l'événement. Je pense à Ahissa, mon pote, devenu par la suite mon entraîneur. Nous nous sommes très vite rapprochés et ils m'ont accompagné pour les Belgian Open, Swiss Open, des tournois que j'ai particulièrement appréciés pour leur ambiance très conviviale. Ils m'accompagnaient pour se porter bénévoles durant le tournoi. De mon côté, je me constituais une équipe. En 2003, on dormait à sept dans ma chambre du Novotel de Namur. Un lit double et un canapé-lit. Un matin, je me lève, je ne retrouve pas mon fauteuil. Je commence à paniquer. Les autres le cherchent également quand je vois Nicolas débarquer dans la chambre, assis sur mon fauteuil, les mains pleines de croissants et de pains au chocolat. Depuis le début de la semaine, il se faisait passer pour un joueur du tournoi et il avait accès à tout. Le fauteuil est un passe-partout. Les Belgian Open, Swiss Open et French Open restent les tournois dans lesquels je me sentais le mieux, j'étais entouré de personnes avec qui je refaisais le monde. J'ai toujours rêvé de vivre en coloc. Finalement, au début de ma carrière sportive, comme je n'en avais pas les moyens, mon vœu s'est exaucé. Mon match contre David Hall, dans le cadre de l'Open de France au parc de Sceaux à Antony, est arbitré par Aryan. Il reste extrêmement droit, à l'inverse de Patrick, juge de ligne, qui tente d'orienter le match en ma faveur. Il se fait reprendre par Aryan. Quand la dernière balle annonce ma victoire, la prophétie se réalise et nous explosons de joie. Nous fêtons ma victoire historique dans la grande piscine municipale de la Grenouillère, nous buvons des litres de champagne, les supporters sont dans l'eau avec nous et les enfants passent une heure à tenter de me couler. Épuisé par l'intensité du match et par l'ivresse, je manque de me noyer. Je fête finalement la victoire autour d'un immense barbecue, tenu par l'adrénaline de la victoire.

Au début des années 2000, je rencontre Régis Harel, joueur de l'équipe de France. Il fait du tennis en fauteuil depuis une dizaine d'années. Lors d'un tournoi à Livorno, il me prend sous son aile. Un soir, au port de pêche, nous partons à la nage d'un ponton. À cette époque, j'ai du mal à me projeter, en proie au doute. Je lui pose de nombreuses questions : « Si tu pouvais remarcher un jour, est-ce que tu choisirais de le faire ? » Il me rétorque que non, qu'il est très heureux comme cela. Nous partons dans un délire de record d'apnée. On rejoue la scène du *Grand Bleu,* maintes fois répétée avec mon petit frère. Je suis Enzo, il est Jacques Mayol. Il me conforte dans l'idée que la vie en fauteuil peut être épanouie. On s'enfonce dans l'eau émeraude. Ce sont des moments volés que je n'oublierai jamais. Certaines personnes m'ont donné envie de rester handicapé. Il en fait partie. J'ai observé son bonheur et je me suis dit que, moi aussi, je pouvais y prétendre.

Le circuit a fait naître des larmes, des fous rires, des amitiés fortes, Aryan, Ahissa, Jiske, Gordon, Jayant, Moschino, Chichi Brèche, Jamie, Chachounette, Momo, Souad, et des voyages. En 2002, j'entame un tour du monde. En voyage, je suis euphorique, toujours dans l'excitation, mû par le désir de tout dévorer, de tout voir, de tout découvrir, de tout aimer. Je suis parti en Italie, Belgique, Hollande, j'ai gagné tous les tournois secondaires, puis obtenu ma *wild card* en tournoi principal. Il y a une réelle aventure collective. Je

◄ Naissance de Michaël le 15 octobre 1981 à Paris.
© DR

► Mes deux frères et moi en train de jouer aux échecs à Montauroux en 1987.
© DR

'acances à Saint-Raphaël
ndant l'été 1986. © DR

► Mes premières balles au TC Montauroux en 1987. © DR

▲ Ski à Gréolières en 1988. © DR

▲ Vacances à Montauroux avec mes frères pendant l'été 1988.

▲ À 16 ans, aux côtés de mon papa. © DR

▲ Finale du tournoi du Club Med de Smir penda
l'été 1999 contre mon petit frère Ben © DR

Vacances à Ibiza en 2012. © DR

Avec ma femme Carolyn. © DR

▲ Avec mon fils Mylo. © DR

◂ Tournoi ABN AMRO
le 09 février 2016.

▴ Avec mon ami et partenaire Gordon Reid, célébrant notre demi-finale gagnée à Wimbledon en 20

Avec mon petit frère Ben après ma défaite
quarts de finale du double des Jeux de
o le 16 septembre 2016. © Aryan Mehri

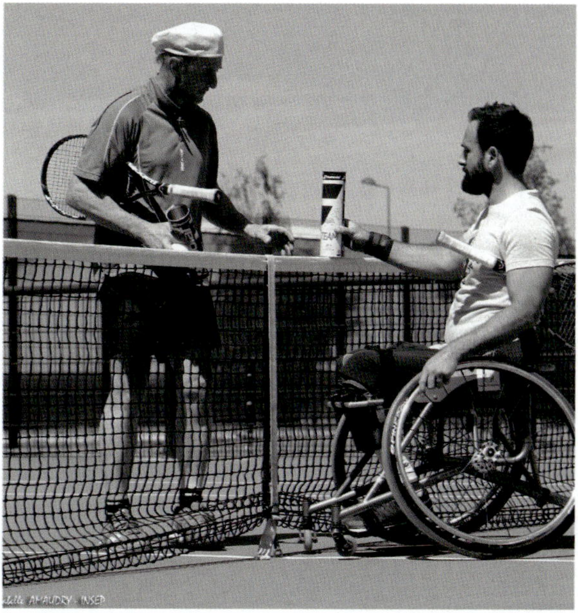


▲ Discussion avec mon entraîneur et ami Christian Dupuy
© Isabelle Amaudry

Porte-drapeau à la cérémonie d'ouverture des Jeux paralympiques de Rio le 08 septembre 2016.
riedemann Vogel/Getty Images South America/ Getty Images/AFP.

▲ Réponse aux médias lors de la commission d'évaluation du CIO à Paris le 14 mai 2017.
© Jean-Marie Hervio/DPPI Media/AFP

▲ Conférence inspirante en entreprise.
© DR

▲ Avec Emmanuel Macron pour la promotion de la candidature de Paris aux Jeux olympiques de 2024
© Jean-Paul Pelissier/AFP

Marathon de New York avec Cédric et Steeve le 05 novembre 2017. © DR

◄ Entrée en fanfare sur les épaules de Teddy Riner pour fêter l'obtention des Jeux de Paris 2024 à Lima le 13 septembre 2017. © Philippe Millereau/DPPI Media/AFP.

▲ Porté par la foule aux Eurockéennes 2017.
© Brice Robert

connais certains joueurs comme les membres de ma propre famille. Nous partageons la même vision du handicap. Les tournois sont de réels accélérateurs d'émotions et de sensations. Au Japan Open, toute la ville nous accueille avec une grande haie d'honneur, les enfants nous offrent des cadeaux. Quand je remporte l'or aux Jeux de Pékin, une Japonaise récupère ma raquette jetée dans le public. Cette dame vient me voir cinq ans plus tard, au Japan Open, pour que je signe un T-shirt à mon effigie qu'un de mes amis lui a donné après ma médaille d'or à Pékin. Je rencontre des fans à travers le monde. En Afrique du Sud, en plein match de double avec mon partenaire australien Ben Weekes, juste au moment de servir, un singe traverse le court, se rue sur mon sac, chipe une banane, saute vers le filet, mange la banane, puis balance la peau devant le public hilare avant de repartir. Les anecdotes drôles et touchantes, je les collectionne. Mais que seraient ces années sans la complicité de ma famille et de mes frères ? Pour que le plaisir soit total, je demande à Ben de devenir mon coach. Il me prépare pour Londres de 2009 à 2012 et me propose de m'accompagner pour la fin de ma carrière, entre 2014 et 2016. Six ans de vie commune, durant lesquels on sort, dîne dans le monde entier. Je choisis Ben pour sa capacité à me motiver quand je n'ai plus envie, à m'apporter ce dont j'ai besoin sans avoir à le lui demander. J'ai surtout besoin de celui qui est le plus à même de vivre avec moi, comme on l'a fait pendant tant d'années. Quand j'ai commencé le tennis, on jouait beaucoup plus à deux rebonds, c'était un jeu plus lent et extrêmement stratégique, comme une partie d'échecs. Aujourd'hui, nous avons gagné en puissance. Le service est devenu une arme. Shingo Kunieda a apporté ça, sa vitesse de jeu, sa prise de balle extrêmement précoce, ses frappes fortes. J'ai été l'un des tout premiers à professionnaliser au niveau international le mouvement handisport, le premier à m'entourer d'un préparateur physique, d'une vraie cellule sportive de haut niveau et à gagner ma vie uniquement avec mes gains liés aux tournois et au sponsoring. Je ne suis pas le seul à avoir lancé ça – il y avait Esther Vergeer aux Pays-Bas, la numéro un mondiale –, mais en France, avant les années 2000, seul Laurent Giammartini avait commencé à ouvrir la voie. Aujourd'hui, je suis satisfait de constater un réel développement. J'ai découvert la préparation physique avec Gérald Cordemy en 2003, à Montreuil. Patrick Mouratoglou l'avait détaché pour me suivre en tournoi durant deux ans. C'est avec lui que je suis devenu numéro un mondial en octobre 2005. Gérald m'a donné confiance en moi, m'a appris à m'aimer de nouveau. Je me suis façonné un corps à ses côtés. Il est devenu à mes yeux bien plus qu'un préparateur physique. J'ai plaisir à le retrouver chaque fois que je descends à l'académie Mouratoglou, où il travaille désormais.

J'ai tapé dans une balle toute ma vie mais, ce qui me plaît au-delà de tout, c'est travailler dur pour accroître mes performances. Nous travaillons la mobilité mais pas vraiment la préparation physique. Je suis accro au sport et à l'effort, plus précisément à la notion de challenge et à l'adrénaline délivrée lors des matchs, ainsi qu'à la recherche permanente de progression technique, physique et mentale. Le niveau s'est considérablement amélioré depuis les derniers Jeux. La réussite est exclue pour ceux qui ne consacrent pas toute leur énergie à leur préparation, dans les moindres détails identique à celle des valides. Mon corps, je dois l'étudier avec attention pour qu'il puisse répondre à tout ce que je lui demande et lui impose. Ceux qui mènent une longue carrière savent naturellement comment accompagner, ils pactisent avec lui. Nous devons être à son écoute, interroger ses moindres douleurs, répondre à ses complaintes. Et si nous en prenons soin, il nous conduira sur la plus haute marche. Le coach du japonais Shingo Kunieda m'a avoué, des années après, qu'il s'était inspiré de ma préparation physique.

Ben m'accompagne donc, devient mon coach attitré, et fait en sorte que ma vie soit la plus facile possible sur les tournois. Il me conseille, me rassure, m'encourage, m'entraîne, soigne mon confort et renforce ma confiance. Il sait exactement ce que je ressens quand je suis en match. Parmi mes adversaires, certains étaient plus forts que moi, *tennistiquement* parlant, mais mon mental et ma résistance à la douleur se sont réellement renforcés, pour devenir mes atouts majeurs. Le sport de haut niveau implique une vie de contraintes. Je surveille de manière stricte mon alimentation alors que j'adore manger. Le fait de pousser le fauteuil nous crée des douleurs dorsales chroniques. La souffrance physique fait partie intégrante de ma vie, je ne m'en plains quasiment jamais. J'ai des tendinites à répétition au niveau des épaules, des poignets, mes articulations sont traumatisées. Chez nous, les pectoraux et les biceps sont très développés, et il faut rééquilibrer avec les muscles du dos, qui sont moins forts, parce que nous poussons toujours vers l'avant. Je souffre au quotidien de douleurs au dos et aux cervicales. Pousser son fauteuil crée toujours des éclats entre les doigts et les paumes s'apparentent à du papier de verre. Je joue avec des crevasses d'un demi-centimètre que je comble avec de la glu. Les entraînements abîment nos corps. Souvent plus douloureusement encore que pour les valides. Mais rien ne me freine. J'ai été bloqué une année, en 2008, à cause d'une blessure liée au fauteuil. Dans le pli de la cuisse, sous l'aine, une plaie m'a empêché de m'entraîner durant quatre mois. J'étais comme un lion en cage. Ce type de plaie est le cauchemar des athlètes handicapés. La première chose que le médecin fédéral nous demande lors de la visite médicale précédant les Jeux, c'est de baisser notre pantalon. Ils traquent l'escarre. S'ils en trouvent une, ils nous excluent automatiquement de la compétition. Les escarres sont des plaies qui se forment de manière insidieuse car la peau se nécrose de l'intérieur. Les couches de peau se retrouvent sous pression entre le fauteuil et les os. Ce poids écrase les vaisseaux sanguins en profondeur et le sang n'irrigue plus les tissus, qui viennent rapidement à manquer d'oxygène. Les tissus meurent. Le premier signe visible est l'apparition de rougeurs en surface. Lorsque la peau se creuse, il est déjà trop tard, cela signifie que les dégâts musculaires et osseux sont importants et profonds. Les médecins y sont attentifs et interviennent lorsque des soins sont nécessaires. En 2012, je pars pour l'Australie. Je n'ai disputé aucun tournoi ces derniers mois, à cause de diverses blessures, mais cela m'a permis de travailler sereinement mon retour à la compétition. Sur les quatre tournois où je m'aligne, je ne perds pas un match. Ben est à mes côtés avec Moce, Morales et Max en supporters de choc. Je sors victorieux, match après match, face aux meilleurs mondiaux. L'euphorie est totale. Jon nous rejoint pour neuf jours seulement. Il est comme un hooligan sur le court tant ces victoires le stimulent et l'impressionnent. Seul le sport de haut niveau procure ce type d'émotions. Après chaque match, j'appelle mon père pour le tenir informé. Il se réveille dans la nuit (à cause du décalage horaire) et il hurle au téléphone. Mon père s'est reconstruit exactement en parallèle de mon existence. Il était malheureux quand je l'étais, heureux quand j'exultais. C'est l'histoire de notre deuxième vie à tous les deux.

Je souffre du dos lors du Sardinia Open en 2010. Ben m'encourage. Il doit littéralement me sortir du lit chaque matin et m'aider à me lever. Ce fut les réveils musculaires les plus longs et douloureux de ma carrière. Quelques minutes avant le match, il applique sur ma peau des crèmes chauffantes pour masquer la douleur, et il me masse la nuque avec du baume du tigre. Je gagne le premier match, puis le deuxième, les jours passent. Entre chaque match, je ne parviens plus à pousser le fauteuil. Ben sait à quel point je souffre. Il lit mieux que personne sur mon visage. Il ne vit plus qu'autour de mes balles, l'esprit alerté de conseils techniques, saturé de rappels à l'ordre qu'il s'adresse à lui-même. Je gagne tous les matchs mais le dernier jour je suis à bout, la douleur est trop vive. Ben m'interdit de continuer et m'incite à abandonner. Je l'écoute, nous rentrons à Paris, et je fais des examens dans la foulée. Les médecins diagnostiquent une hernie discale. Mon exigence surpasse toutes les douleurs. Je dois cette extrême rigueur sportive à Jean-Michel Levêque, qui aura été mon préparateur physique pendant de nombreuses années. Il m'a donné le goût de l'effort, l'acceptation du sacrifice, et a consolidé mon rapport au corps avec discrétion et humilité. Au Team Lagardère, de 2005 à 2010, c'est Xavier Moreau, directeur général de la structure, qui s'occupe de moi. Il forge ma confiance, m'aide à prendre les grandes décisions. Il est un pilier dans ma carrière. Puis, après quelques mois d'errance avec la dissolution du Team Lagardère, j'ai la chance d'intégrer l'INSEP, le temple du sport français, l'occasion de me confronter à d'autres sportifs. J'ai le privilège de m'entraîner dans des conditions très professionnelles, d'être entouré d'une équipe ambitieuse, exigeante, mais aussi chaleureuse. Je bénéficie de tout l'encadrement des professionnels du haut niveau français. Ben me rejoint et, quand on joue ensemble à l'entraînement, cela se termine souvent en combat de coqs. Jouer avec mon frère me rappelle ces années heureuses de l'enfance, quand nous passions du temps sur les terrains de tennis. Les relations évoluent, j'ai dû accepter les critiques de mon petit frère. Nous avons fixé des règles, par exemple celle de ne jamais débriefer juste après les défaites, il me fallait toujours attendre quelques heures avant de faire un point. Globalement, nous avons trouvé un fonctionnement efficace et agréable, au prix d'engueulades mémorables tout au long de notre collaboration. Je crois que ce qui m'exaspérait le plus, c'était son obsession pour le bloody mary. Il s'obstinait à commander sa boisson fétiche n'importe où dans le monde et, neuf fois sur dix, le serveur ne comprenait pas ce qu'il demandait. Nous n'avons d'intérêt que pour les émotions collectives. Mes journées sont habituellement ponctuées de deux à trois heures de tennis le matin, deux heures de préparation physique l'après-midi, avec de longs créneaux d'ergocycle (appareil conçu pour travailler le haut du corps), puis je termine avec une heure de balnéothérapie. L'alternance de bains chauds et froids permet d'enchaîner les journées intensives d'entraînement pendant plusieurs années. S'ensuit une heure de stretching avant la séance de kiné.

Le travail est intense, mais la douleur n'est acceptable que si le combat est total. Les efforts sont récompensés. Il y eut des périodes de relâchement. En 2008, après la médaille d'or à Pékin, s'ensuit un mois de fête quotidienne. Je suis invité à diverses cérémonies mais je me rends surtout, accompagné de ceux disposés à célébrer ma victoire – mes frères, mes amis, mes cousins –, à la Favela Chic, dans le 11e, notre QG à Jon et moi depuis 2001. Ces années d'entraînement, aussi intenses soient-elles, sont avant tout euphoriques. Mon fauteuil devient une arme de séduction massive. En boîte, on me remarque. Et quand je danse avec une fille, si elle s'assied sur mes genoux, face à moi, la position devient alors idéale pour conclure ! Cela a été beaucoup plus simple pour moi que ce que l'on peut imaginer. Pendant de nombreuses années, je suis peu disposé à tomber amoureux. Je reste dans cette quête frénétique de relations. Je n'ai jamais confondu la passion avec l'état amoureux, ni l'état amoureux avec l'amour. Les choses ne pouvaient être qu'intensément éphémères. J'ai évité le romantisme du mieux possible. Devenir la raison d'être de l'autre, constituer son bonheur, c'était trop dangereux pour moi. À mon retour de Pékin, médaille d'or au cou, les sollicitations sont nombreuses. Je me souviens d'une soirée à la Croix-Catelan, club sélect situé au cœur du bois de Boulogne, où les médaillées du Team Lagardère, valides et handisports, sont à l'honneur. Une demoiselle semble ravie de discuter avec un champion paralympique, me questionne, demande à porter ma médaille, et nous la garderons autour du cou, dans les toilettes pour handicapés, dans nos mouvements endiablés, à l'occasion d'ébats en or. L'inconstance de l'amour, la place presque trop superficielle qu'il occupait dans ma vie, son caractère si malléable, tout ceci me préparait lentement à Carolyn.

Les histoires tardives sont parfois les plus intenses. Il m'a fallu perdre du temps, m'imaginer que les choses n'étaient pas si magnifiques, je devais m'égarer dans ces chemins sauvages pour m'ouvrir au monde qui était le sien, et connaître enfin le grand vertige d'aimer. Je la rencontre pour la première fois en 2003. Elle a été la meilleure joueuse d'Angleterre jusqu'à l'âge de 15 ans, avant de se consacrer à ses études et de devenir notamment la kinésithérapeute de l'équipe de tennis handisport de son pays. Je l'aborde sans finesse, et le coureur de jupons qu'elle voit en moi ne l'intéresse pas. En avril 2009, nous nous retrouvons durant deux semaines de tournoi en Floride. Durant cette période, je décide de passer une semaine avec l'équipe anglaise pour apprendre à la connaître. Nous développons une relation amicale, nous nous racontons des histoires, des anecdotes personnelles. Pour sa soirée d'anniversaire, je lui propose d'aller à Miami, je ne boirai pas, nous pourrons faire la fête en boîte et je ramènerai tout le monde. Ce soir-là, bizarrement, on se dit des choses qu'on n'a pas envie d'entendre ; nous parlons fièrement de nos expériences passées, pour impressionner l'autre. Mais nous dansons jusqu'au bout de la nuit dans la plus parfaite allégresse. Les jours s'écoulent, le tournoi s'achève, et je dois rentrer à Paris avec Michel Lunesu, mon entraîneur, et Florence Gravellier. Je sors de mon bain, je mets mes bas de contention, que je remonte jusqu'aux genoux en vue des prochaines heures de vol. J'ai peu de temps pour me préparer. Je reçois un texto d'un numéro inconnu provenant du Royaume-Uni. Carolyn a demandé mon numéro de portable à une coach anglaise et elle me propose de la retrouver à la plage pour prendre un verre. Je lui réponds du tac au tac, lui faisant comprendre que je suis dans mon bain et qu'elle pourrait tout à fait me rejoindre. Légèrement exaspérée, elle réitère sa proposition une dernière fois. Je regarde ma montre, j'ai précisément une heure devant moi. J'ai toujours mes bas de contention, je n'ai pas mes lentilles. Dans le taxi, je me retrouve derrière un cortège funéraire. Je demande au chauffeur de le doubler, mais la tradition l'interdit. Je suis angoissé, pour la première fois, et je réalise que mon cœur bat la chamade. On se trouve au resto le Crabs (lieu de rendez-vous plutôt bien choisi puisque c'est ainsi qu'avec Ben on qualifie les handicapées). Elle porte une belle robe d'été, des tongs, de grandes lunettes papillon, et déguste un cocktail. Je m'installe sur un transat en bois à côté d'elle. N'oublions pas que mes fesses sont dénuées de muscles, sans coussin anti-escarres, je ne peux donc généralement pas rester très longtemps assis sur une surface dure. Mais, à ce moment-là, je n'ai pas envie que le handicap soit une question. Je me fais mal, mais cela m'est égal. Nous regardons les gens passer devant nous, discutons avec légèreté et insouciance, puis nous rentrons en taxi avant de prendre l'avion. Là, je prononce la phrase la plus pathétique qui puisse exister : « Ça t'est déjà arrivé d'embrasser un barbu français handicapé dans un taxi américain ? » Elle m'embrasse dans un sourire moqueur, et mon cœur s'emballe pour la deuxième fois. Je tombe amoureux.

Je retrouve Michel et Florence à l'hôtel avant de rejoindre l'aéroport et je leur parle de mon histoire durant des heures. Florence, avec qui j'ai vécu sur le circuit durant dix ans, a cru que cette rencontre n'arriverait jamais. Elle qui m'a pourtant permis de grandir, en me maternant, en m'apprenant notamment à concocter de bons petits plats, a été cette présence féminine qui me manquait tant dans cet univers drogué à la testostérone. Ce jour-là, elle semble manifestement lassée de m'entendre m'exprimer durant des heures sur le même sujet et me confie : « Écoute, si à l'arrivée à Paris tu m'en parles encore, c'est que tu es vraiment amoureux. » Nous faisons escale à Atlanta, on nous annonce que notre prochain vol subit un retard de trois heures. Contrairement à la majorité des passagers, je suis aux anges. Carolyn, partie pour l'Angleterre, fait escale à Atlanta également, et son avion doit atterrir dans une heure. Je m'empresse de trouver son terminal et sa porte d'embarquement. Je me cache au Food Court pour éviter les autres joueurs anglais présents sur son vol, car il n'est pas question pour Carolyn d'officialiser quoi que ce soit pour le moment. Je la vois apparaître, elle me rejoint, et nous nous embrassons, nous câlinons quelques minutes seulement avant de se séparer à nouveau. Durant le vol pour Paris, j'ai rendu fous Flo et Mich. Mon lyrisme n'a pas cessé. Je pars en Israël quelques jours après en famille et je passe toutes mes soirées sur Skype, délaissant Ben qui avait d'autres plans pour nous. L'attente devenant intenable, j'annule mon tournoi prévu en Corée. Dès mon retour à Paris, je saute dans un Eurostar pour passer un week-end chez elle, un mois après notre premier baiser. À la fin de ce week-end, enlacés dans l'herbe après un délicieux déjeuner Chez Bruce, elle m'annonce : « You're officially my boyfriend. » C'était le 12 mai 2009. Entre mai et septembre, je multiplie les allers-retours en Angleterre. En octobre, elle s'installe à Paris avec moi. Avec l'aide de Florence, je trouve sa bague de fiançailles, six mois après notre rencontre. Elle restera un an dans le tiroir, par peur de l'effrayer, mais je suis absolument certain de mon élan. Carolyn continue de travailler pour l'équipe d'Angleterre mais la situation devient difficile à vivre.

Des jalousies commencent à naître, notamment de la part d'un joueur et de deux membres du staff. Elle a pourtant toujours fait preuve d'un grand professionnalisme et d'une impartialité totale.

Je me souviens de sa présence lors d'une finale à l'Open du Canada. Je l'aperçois masser et étirer mon adversaire, mais néanmoins ami, Gordon Reid, sur le court d'à côté alors que je m'échauffe. Cela aurait pu être compliqué pour moi mais j'ai toujours fait le choix de séparer ma vie personnelle et professionnelle. Malgré tout, ils feront tout pour la faire partir. Elle démissionne quelques mois avant les Jeux paralympiques de Londres. Encore aujourd'hui, je voue une haine profonde à ces quelques ordures qui ont empêché Carolyn de défiler lors de la cérémonie d'ouverture des Jeux, au côté de la délégation britannique. Ils ne lui ont plus jamais adressé la parole ni même le moindre regard sous peine d'échanges très désagréables avec moi. Elle viendra exercer dans le cabinet de mon père, à son compte, en 2013. Nous devenons peu à peu un couple comme un autre. Un couple sans tristesse, sans maladie. Le désir nous aimante, comme deux affamés l'un de l'autre. Nous nous dévorons, nous nous tendons pour aller plus loin, l'un dans l'autre, jusqu'à ne plus distinguer les frontières. Je me nourris de son odeur, de chacun de ses rires. Je lis dans son regard une infinie douceur.

Le sport m'a tout apporté. J'ai vécu mes plus belles émotions, j'ai rencontré ma femme, j'ai partagé des aventures incroyables avec mes plus proches. J'ai voulu aller jusqu'aux Jeux paralympiques de Rio. Pour cette ultime aventure, je retrouve mes amis du TC 12 Bercy. Quelques mois avant mon accident, j'avais proposé à Christian Dupuy, un ancien compagnon d'entraînement à l'époque où je m'entraînais avec Olivier Fortel au TC 12, de devenir mon sparring-partner. Il était déjà plus que ça. Sa passion était telle que je lui propose de m'accompagner durant mes dernières années jusqu'aux Jeux de Rio. Il accepte quelques jours plus tard, en s'associant à mon dernier entraîneur valide, Olivier. Pour les Jeux, nous sommes quatre à être sélectionnés en simple et le capitaine de l'équipe de France doit former deux paires de double. Des essais sont faits dans l'année mais je m'absente deux mois du circuit pour être auprès de ma femme et mon fils. Ce qui, j'en reste aujourd'hui persuadé, m'a pénalisé. Lors du tournoi de l'île de Ré, Fabien, le sélectionneur de l'équipe de France, m'annonce avec peu d'arguments que je jouerai avec Fred en double. Je ne dis rien mais, intérieurement, je suis fou furieux. Son ambivalence ces dernières semaines a rendu ce long processus d'annonce insupportable. Je sais que la médaille est envisageable avec Fred et je donnerai tout pour aller la chercher avec lui, mais j'estime à ce moment-là que je fais encore partie des meilleurs joueurs mondiaux en double. Le lendemain matin, je convoque Fabien pour lui livrer le fond de ma pensée. Je ne l'épargne pas. Ce n'est pas une mauvaise personne, c'est même un très bon enseignant, mais il n'aurait jamais dû être capitaine et sélectionneur de l'équipe de France. Il reste incapable d'exercer une autorité sur un groupe qui, je le lui concède, n'est pas simple à gérer, notamment avec Stéphane et moi. Ce sera notre dernier long échange. Je m'incline en simple en huitième de finale et en double, avec Fred, nous perdons, en quart de finale, au bout d'un match marathon contre l'équipe japonaise qui m'avait déjà battu en finale des Jeux d'Athènes, en 2004. Nous menons 6-5 au troisième set. Je donne tellement que je commence à cramper au pectoral droit et fais appel au kiné. Ils égalisent à 6 partout. Balle de match, un échange interminable où, sur une balle courte, mon coup droit vient s'échouer dans le filet. Je serre la main de mon partenaire puis des adversaires, mais je ne peux pas regarder mon clan. Je ne suis pas prêt.

C'est la fin. Toutes ces années sont la preuve que la vie est plus puissante que les empêchements, le repos forcé, les avenirs tout tracés. Il n'y a aucun ordre des choses. Il y a des bras tendus et costauds, de l'affliction et de la beauté, il y a l'importance de se laisser tanguer et, sur les crêtes de ces bascules, se dessinent en silence de nouvelles trajectoires. Je quitte lentement le terrain pour aller m'isoler, je cache mon visage sous ma serviette. Je ne veux affronter aucun regard. Je respire fort. Je sens que ma famille s'approche.

J'ai l'habitude de voir mon père en pleurs. Durant toute ma carrière professionnelle, ses encouragements ont été mêlés au sel des larmes de la plus immense gratitude. Cette fois-ci, il me parle avec une joie de vivre insoupçonnée. L'émotion me rattrape, je sens qu'elle déborde. Je tente de canaliser ce bouleversement soudain, ce mélange de sentiments contraires, je ne veux rien montrer. Ils me prennent dans leurs bras, un par un. Je réalise ma chance de tous les avoir avec moi. Je cherche Ben et Cédric, Moce, mon grand ami qui m'a tant suivi et tant donné. On me confie que tous deux sont inconsolables. Ce n'est pas cette défaite qui les affecte, mais la fin de l'aventure. Sophie, la femme de Ben, part à sa recherche. Je l'aperçois, au loin, en larmes. Il s'approche, hésitant, tente de rester solide mais, une fois sur mes genoux, il me prend dans ses bras et s'effondre. Tant d'aventures partagées. Pourra-t-on revivre un jour des sensations aussi fortes ? Rien n'égale la puissance du sport. Lui seul parvient à me faire pleurer. Il me libère. Nous avons tout partagé ensemble. Il a été un coach excellent. L'aventure humaine dépasse la performance. Ce podium et ces records, c'est à eux que je les dois. Ce sont nos victoires. Plus que jamais, j'ai besoin de partager. Cédric réapparaît et vient à son tour s'effondrer dans mes bras. Je le remercie et lui dis qu'on va enfin pouvoir prendre de vraies vacances. Nous avons encore tant de choses à vivre. Cette page peut enfin se tourner.

Rio m'aura comblé. La plus belle reconnaissance, la plus grande, reste de loin l'entrée dans le stade Maracanã, le soir de la cérémonie d'ouverture des Jeux, suivi de toute la délégation française. Ce soir-là, je porte le drapeau de mon pays.

# Chapitre 5
# Quand le sport devient politique

« J'ai eu le plaisir de rencontrer Michaël Jérémiasz à l'occasion des Jeux olympiques et paralympiques de Londres, où il était membre de la délégation française. J'ai vu tout de suite qu'il avait non seulement un talent pour le sport qu'il pratiquait, le tennis, mais aussi pour mobiliser des équipes, pour créer une ambiance, et pour porter des idées qui allaient au-delà du sport. Puis je l'ai retrouvé à Rio, où il était le porte-drapeau de la délégation française pour les Jeux paralympiques. À un moment, j'ai pensé qu'il pourrait prendre des responsabilités pour préparer la candidature de Paris pour les Jeux de 2024 – ce qu'il a fait – mais aussi pour jouer un rôle, s'il l'avait voulu, sur le plan politique. Il a préféré se consacrer à une grande association, Comme les autres, qu'il a fondée avec son frère et sa femme. J'ai participé à certaines des activités de son association, qui a obtenu par ailleurs le label de la fondation La France s'engage que je préside, et qui lui permet de rassembler des financements pour développer ses activités. Pour toutes ces raisons, Michaël Jérémiasz mérite de faire connaître sa vie. C'est une vie faite d'épreuves, de drames, mais aussi de joies, de fiertés et de dépassements. C'est un exemple pour beaucoup. »

François Hollande,
ancien président de la République

À Rio, dans le stade, les rythmes de samba et les hourras déploient leur énergie lors du défilé des athlètes représentant les couleurs de 159 nations, engagés dans 22 disciplines. « Vous allez voir le véritable sens du sport et la définition de l'habileté. Ces sportifs vont vous inspirer, vous faire vibrer et aussi vous changer. Ces Jeux sont l'événement mondial numéro un pour amener à plus d'intégration », promet le président du Comité paralympique international, Philip Craven. La délégation française, composée de 42 femmes et 84 hommes âgés de 16 à 55 ans, sera représentée dans 17 des 22 sports, avec pour objectif d'intégrer le top 10 des nations (16e en 2012). L'entrée dans le stade reste un moment dont je me souviendrai toute ma vie. Je chante *La Marseillaise* à gorge déployée, moi qui ai toujours eu du mal avec ce chant guerrier et le patriotisme exacerbé. Un bruit sourd résonne, celui des flashs, le stade brille de 80 000 feux. Nous entrons, toutes les femmes de la délégation sont derrière moi. J'ai souhaité qu'elles soient mises en valeur, qu'elles soient pleinement identifiées. J'ai réussi à obtenir l'aval du chef de mission. Au premier rang, Charlotte Famin et Emmanuelle Morch me suivent. J'ai installé sur mon fauteuil un petit scooter Triride. Je casse le protocole, je fais une grande boucle dans le stade. Alexandre Boyon commente : « C'est son moment, il en profite ! » Je savoure cet immense honneur, une vraie reconnaissance de mon parcours d'athlète, mais aussi de mes engagements politiques et associatifs. Je pensais avoir tout vécu mais l'émotion me transcende. Je voudrais que ce moment dure une éternité. Je me sens pleinement investi d'une mission. Ce jour-là, je suis plus qu'un porte-drapeau, je suis un porte-parole de la minorité à laquelle j'appartiens.

L'annonce officielle me désignant porte-drapeau des prochains Jeux paralympiques est faite le 12 juillet. On m'a confié cette grande nouvelle plusieurs semaines avant mais peu de gens le savent, aucune information n'a fuité. Je reçois un appel de Gérard Masson, président de la FFH, en février 2016 ; il a immédiatement pensé à moi. Il paraît que cette décision a été prise devant une porte de W.-C. Gérard Masson a interrogé un des responsables de la communication à ce sujet et ce trublion a eu la bonne idée de suggérer mon nom. Il a depuis fui la capitale pour Châteauroux. Ce genre d'échange à la volée est souvent déterminant !

Benoît Hétet, directeur de la communication de la FFH, a préparé, pour accompagner l'annonce à la presse et au public, un petit film avec photos et indices. Je vois apparaître ma femme et mon fils sur les images. Je suis terriblement touché et vis ce moment comme un véritable honneur, lesté d'une responsabilité particulière puisque, pour la première fois, France Télévisions a prévu de diffuser 100 heures de direct, dont 10 heures de direct par jour. À partir de cette date, j'accepte toutes les interviews. Je ne manque que celle prévue avec le journal *La Croix*, non pas par anticléricalisme primaire hérité de mon père, mais à cause d'une indisponibilité personnelle. Cette visibilité, je m'en sers pour donner un coup de projecteur sur nos combats, pour développer la pratique du sport chez les handicapés et, plus globalement, pour leur accorder une place plus juste dans notre société. Le mouvement handisport aurait plus de mal à susciter des vocations sans les Jeux paralympiques. La force de cette compétition, c'est qu'elle est visible dans le monde entier, elle inspire des générations à pratiquer le sport malgré le handicap. Notre plus grande fierté serait de donner envie à plus de jeunes handicapés de se lancer. D'autant plus que les jeunes en situation de handicap ne découvrent généralement leurs capacités physiques que dans des pratiques rééducatives liées au monde médical, bien éloignées des valeurs sportives. Je demande également davantage de reconnaissance et une place plus juste dans la société. Au-delà de l'excitation et de la fierté de participer à un événement sportif d'envergure internationale, les Jeux paralympiques sont des occasions uniques d'offrir au monde un autre regard sur la différence. Les athlètes en lice sont handicapés, mais avant tout performants. Les Jeux de Rio s'annoncent grandioses : 4 300 athlètes en compétition, 2 642 médailles distribuées, 22 sports au programme dont l'athlétisme, l'aviron, le basket fauteuil, la boccia, le canoë-kayak, le cyclisme (route et piste), l'escrime fauteuil, l'équitation, le football à cinq et à sept, le goalball, l'haltérophilie, le judo, la natation, le rugby fauteuil, le tennis de table, le tennis fauteuil, le tir à l'arc, le tir sportif, le triathlon, la voile, le volley-ball assis. 1,5 million de billets pour assister aux différentes rencontres ont été vendus.

Le 23 août 2016, de retour de Rio, la délégation olympique française est accueillie à l'Élysée par François Hollande. À la fin de la réception, Teddy Riner me transmet le drapeau tricolore, comme un passage de témoin, sur le perron de l'Élysée, sous les encouragements du président de la République. Pour Teddy, cette aventure a été extraordinaire, il me décrit en détail ce qu'il a vécu et me conseille d'en profiter. Mener les troupes tricolores récompense l'énergie inépuisable que je mets au service du handisport depuis plus de quinze ans. Ces jeux vont « bien au-delà du sport ». Nous avons déjà été réunis tous les trois à Rio, début août, pour l'ouverture des Jeux olympiques et l'inauguration du Club France. Le Club France est le lieu de rassemblement et de célébration de la délégation française pendant les Jeux. Il permet aux différents acteurs de se retrouver et de vibrer au rythme des exploits sportifs. C'est l'endroit où tout se passe, celui qui ne ferme jamais, François Hollande l'a rappelé dans son discours, remerciant au passage le président de la Société hippique brésilienne qui a mis les lieux à la disposition de la France. Nous avons fait amplement connaissance, déjeuné ensemble, ri, blagué. Je me souviens de ce moment : Teddy Riner part en quête de glaces pour le Président et lui, pendant que j'explique à ce dernier ce que contient le distributeur situé derrière moi. Nous plaisantons à propos du nombre de préservatifs mis à disposition, jusque dans le restaurant du village olympique. Pour tous les utiliser, il faudrait au moins en consommer quatre par jour. Nous lui expliquons que c'est une petite moyenne pour un sportif ! François Hollande ne manque jamais d'humour et, pour ma part, je travaille toujours ma repartie. J'apprécie François Hollande depuis plusieurs années maintenant. Je le trouve brillant, à l'écoute. Nous nous sommes rencontrés pour la première fois en 2012. Il se rend à l'INSEP pour saluer les équipes avant les Jeux olympiques et paralympiques de Londres. Nous discutons chaleureusement. Au retour des Jeux, nous sommes reçus pour la première fois en même temps que les valides à l'Élysée. C'est un grand jour pour le handisport français, il n'y a plus de distinction. Le Président s'exprime sur ce sujet, il trouve les mots justes. En 2015, son conseiller Gaspard Gantzer m'invite à déjeuner à l'Élysée : c'est un rituel, chaque mois, François Hollande reçoit des représentants de la société civile pour prendre la température, hors agenda présidentiel. C'est un moment particulier, privilégié. Je passe une heure trente à écouter, échanger, débattre, me nourrir – dans tous les sens du terme car on mange toujours très bien à l'Élysée, grâce au chef Guillaume Gomez que j'ai pu rencontrer à plusieurs reprises, toujours avec plaisir. Le matin de cette rencontre, le Premier ministre Jean-Marc Ayrault annonce que, faute de temps et de moyens, il ne pourra proposer que des aménagements à la loi de 2005 votée sous Chirac qui doit entrer en vigueur en 2015. Nous déjeunons et je comprends que l'objectif d'accessibilité qu'elle promettait ne sera pas donc pas atteint. Le titre même de cette loi pour l'égalité des droits et des chances, la participation et la citoyenneté des personnes handicapées du 11 février 2005 annonce une ambition d'égalité. Elle proclame l'obligation légale de construire des établissements publics accessibles à 100 % pour les personnes à mobilité réduite, ainsi que l'accessibilité à 100 % des bâtiments neufs aux personnes handicapées. Devant le retard accumulé depuis des dizaines d'années, le gouvernement de François Hollande a mis en place des agendas d'accessibilité programmée. Mais nous sommes objectivement loin du compte. J'explique à quel point ce bilan est grave. Je lui dis que ces aménagements reviennent à dire à des millions de personnes qu'il va falloir encore attendre quelques années avant de devenir des citoyens à part entière. La première loi sur le handicap date de 1975. Le Président m'écoute, il n'est jamais dans l'opposition. Il précise que l'engagement pour une accessibilité universelle de la société reste une priorité de son gouvernement. Il ne perdra jamais de vue cet objectif. Il m'identifie, il connaît mes prises de parole.

En octobre 2016, je reçois un appel de Nathalie Iannetta, sa conseillère au sport et à la vie associative. Nathalie est une femme intelligente que j'aime côtoyer. Elle quitte son poste pour rejoindre l'UEFA et me propose de lui succéder. Je suis immédiatement intéressé, mais je ne souhaite pas prendre de décision hâtive. Je lui pose des questions et lui fais part de mes réserves. Elle me propose d'en discuter avec Gaspard. Comme souvent dans ces cas-là, j'appelle mon frère Jon et nous entamons une réflexion commune. Je suis tenté d'accepter : être conseiller du Président avant 40 ans, c'est quand même bien mieux que d'avoir une Rolex ! Mais que peut attendre un chef d'État d'un conseiller quelques mois seulement avant la fin de son mandat ? J'aimerais devenir l'homme qui murmure à l'oreille du Président. Je suis depuis toujours profondément de gauche, accepter aurait du sens. Mais ce n'est pas aussi simple, j'ai des engagements à respecter avec mon association, mes différentes structures, mes partenaires, et je crains les conflits d'intérêts. Quelques jours plus tard, je m'entretiens au téléphone avec Gaspard et nous tombons d'accord sur le fait que ce n'est pas le bon moment. Je sais que mon avenir politique se dessine progressivement. Il m'arrive encore de penser à cette aventure, que j'aurais malgré tout aimé vivre aux côtés de François Hollande.

En 2009, Jean-Paul Huchon, président sortant du conseil régional d'Île-de-France, sur les conseils de Pénélope Komitès, me propose d'être candidat éligible à Paris aux élections régionales de 2010. Nous nous connaissons depuis 2005 : j'ai intégré le dispositif des Ambassadeurs du sport (des athlètes partagent leurs expériences avec des lycéens franciliens) mis en place par la Région Île-de-France au lendemain des Jeux olympiques et paralympiques d'Athènes. Il sait que je suis un citoyen engagé et que je me bats notamment pour l'inclusion sociale des personnes handicapées. Après quelques jours de réflexion, j'accepte d'être candidat, mais pas éligible. Je n'ai ni le temps ni la légitimité et je ne désire pas prendre la place d'un militant, d'autant qu'à cette époque je suis accaparé par ma carrière de sportif. Il est hors de question d'entamer un projet politique de cette manière. Je me suis rendu sur le terrain, avec d'autres candidats de la liste, pour animer des cafés-débats, des réunions, des rencontres dans les écoles et pour la distribution de tracts. Je me souviens d'un matin, à la gare de l'Est, où je retrouve Rémi Féraud, le maire du 10e arrondissement, et plusieurs de ses camarades du PS. Nous devons tracter mais les passants sont pressés. C'est en me positionnant en haut d'un escalator, en bloquant la sortie, que je parviens à écouler mon stock de flyers ainsi que celui de mes compagnons. Qui oserait enjamber un handicapé sans accepter les tracts qu'il tend ?

J'ai réalisé que le monde du sport et de la politique étaient extrêmement liés quand j'ai remporté mes premières médailles paralympiques. J'ai pris conscience que je représentais mon pays. Lorsque l'on me remet la médaille de l'ordre national du Mérite, je reçois, à l'époque, de nombreux messages. Après les Jeux d'Athènes, la délégation paralympique est attendue à l'Élysée et je m'y rends avec ma mère, mes frères, et Cyril, mon oncle de cœur. Jacques Chirac doit me décorer. Son arrivée précède le traditionnel : « Veuillez vous lever ! » Mes frères me lancent alors : « Tu ne respectes pas le protocole ! » Je m'esclaffe. Lorsque le Président annonce : « Michaël Jérémiasz, au nom de la République, je vous nomme chevalier de l'ordre national du Mérite », j'entends mes frères crier « ouais, gros ! » et l'assemblée applaudit, hilare. Je m'approche de Chirac, lui fais la bise, qu'il accueille avec plaisir. L'image des Guignols me revient en tête ; dans mon esprit, il reste associé à sa marionnette, farceuse, sympathique, joyeuse. En 2004, nous n'obtenons pas les mêmes primes que les athlètes valides, mais seulement 1/6^e^. Depuis 2008, à l'initiative de Jean-François Lamour, ministre des Sports sous Jacques Chirac, nos primes sont les mêmes que celles des valides : 13 000 euros pour le bronze, 20 000 pour l'argent, 50 000 pour l'or. Ces distinctions me font basculer dans la sphère politique. En 2005, la Coupe du monde se joue à Brasília. Je suis numéro un mondial à cette époque et nous sommes tête de série numéro un. Notre équipe est reçue avec l'équipe du Brésil au palais de Lula. Je le rencontre et nous échangeons. J'ai le souvenir d'un homme chaleureux et bienveillant. Après Pékin, Nicolas Sarkozy décide d'organiser la remise des médailles olympiques et paralympiques à l'INSEP au lieu de l'Élysée. Les athlètes regrettent ce choix. Il ne remet que la Légion d'honneur aux médaillés d'or, mais aucune décoration pour le bronze et l'argent, dont Bernard Laporte et Roselyne Bachelot se chargeront. Le protocole est différent, il vient à nous un par un et nous remet notre distinction. Au lieu de distribuer l'accolade habituelle, il pose sa main sur la mienne, et l'attrape comme si j'étais une petite chose fébrile. Peut-être que la franche accolade que Stéphane vient de lui donner a calmé ses ardeurs. En 2008 toujours, je reprends mes études. La Fondation Lagardère signe un partenariat avec Sciences Po Paris et l'école crée une filière de formation continue pour aider à la reconversion professionnelle des sportifs de haut niveau. Je suis assidûment les cours généralistes, et j'ai le sentiment de m'ouvrir au monde. J'apprécie de lâcher ma raquette pour réfléchir à des questions économiques, sociétales, culturelles. Je retrouve cette ouverture que j'ai pu ressentir quand Jon me forçait à lire *Le Monde diplomatique* à la fac, en 2001. Je travaille avec mon tuteur, Marc Germanangue, qui deviendra par la suite mon complice et compagnon d'écriture pour *Tant d'histoires pour un fauteuil*. Cette reprise d'études surgit à un moment de ma vie où les blessures m'éloignent des terrains, où je ne peux plus me contenter du sport. Un besoin de plus en plus profond m'anime.

En 2017, Emmanuel Macron est élu président de la République. Une nouvelle page s'écrit et je souhaite de nouveau m'investir. *L'Équipe* tente de connaître les pressentis pour le poste de ministre des Sports. Le journal rapporte les propos de François Cormier-Bouligeon : « Il devra raccrocher tous les maillons de la chaîne, du sport pour tous au sport d'excellence [...] Ma préférence irait à un ministère des Sports et des Jeux olympiques et paralympiques. » Christophe Castaner indique également la priorité des Jeux olympiques de 2024 à Paris : « Emmanuel Macron souhaite que ce soit une personnalité de premier plan. Il faut qu'il ait des pouvoirs de transversalité et qu'il puisse mobiliser les partenaires. Et le ministère [des Sports] aura une fonction d'accompagnement. » Un matin, alors que je suis chez moi et parcours la presse, je tweete sans trop réfléchir : « Si vraiment @EmmanuelMacron insiste, je répondrai présent à son appel et deviendrai le plus jeune ministre des Sports de la V^e^ République. » Je lance un sondage sauvage, le résultat excède mes attentes. Ces mots déclenchent un véritable buzz médiatique.

Je suis dépassé par les événements, et cette réaction me prouve qu'il y a une réelle attente. Qu'est-ce qui empêcherait un ancien athlète paralympique compétent de devenir ministre des Sports ? Les gens y ont vraiment cru. Certaines personnes issues du gouvernement précédent se sont proposées pour m'accompagner, en tant que directrices de cabinet ou pour diriger le service communication, si cette proposition se concrétisait. L'image serait forte. Un ministre en fauteuil réfléchirait en premier lieu à l'accessibilité de l'Assemblée nationale, au fait de tout réadapter au niveau de l'État, et ensuite, par effet domino, la France pourrait bénéficier de ces transformations. Si un jour je devais m'acquitter de cette mission, j'aimerais échanger avec tous les acteurs du gouvernement pour aborder l'innovation technologique au service des personnes âgées et handicapées, la création de lien social, la question de l'éducation, la banalisation de la différence et la valorisation de l'action sportive en tant qu'expérience collective.

Je sais que je figure parmi les personnes identifiées mais, avec le recul, je suis soulagé que cela n'aboutisse pas. Je suis déjà engagé dans de très nombreux projets professionnels. Et ma priorité reste de voir mon fils grandir. Avec mon frère Jon, mon conseiller le plus avisé, nous rédigeons un tweet de réponse pour apaiser la tempête qui s'est emparée des réseaux sociaux :

« Après le clin d'œil… un peu de sérieux. Non, je ne souhaite pas être ministre, non, je ne suis pas En marche (toujours pas), et oui, bien sûr, je souhaite à notre nouveau président de la République et à notre gouvernement en cours de constitution bonne chance et toute la réussite pour la France !

Par mon tweet du 8 mai dernier, j'ai souhaité attirer l'attention du grand public sur le fait que si une personnalité en situation de handicap devenait ministre durant cette période si particulière de notre vie politique, cela pourrait représenter un symbole fort de renouvellement et de modernisation en termes de représentation de notre population dans toute sa diversité.

J'ai depuis répondu à de nombreuses interviews et évoqué mes engagements passés (ambassadeur d'Amnesty International en 2008) et actuels (administrateur de l'association Comme les autres, consultant handicap et diversité, ambassadeur Paris 2024).

C'est aujourd'hui à ces dernières causes que je consacre toute mon énergie, mon expérience de sportif de haut niveau et la force de mes convictions, et c'est grâce à ces nouveaux combats que je développe de nouvelles compétences, de nouveaux savoir-faire, toujours au service de l'intérêt général.

Tout en ayant le plus grand respect et la plus grande estime pour ceux qui choisissent de s'engager pour l'intérêt général en rejoignant un parti politique ou une équipe gouvernementale, ça n'est pas mon choix aujourd'hui.

Vive la République, vive la France. »

La réponse apaise les pronostics et Laura Flessel, que je connais très bien, est nommée. Aujourd'hui, je ne cache pas qu'une telle responsabilité m'intéresserait, mais pas avant quelques années.

Je recroise Emmanuel Macron quelques mois plus tard, en juin 2017, lors des « Journées olympiques », lancées dans le cadre de la candidature de Paris aux Jeux de 2024. Les athlètes français ont pour mission de présenter leur sport au public dans différents lieux de la capitale. Mon entreprise sociale Handiamo ! a été choisie pour piloter l'organisation des animations paralympiques. Nous attendons un million de visiteurs sur les quais. La veille, nous sommes briefés : « Le PR [président de la République] sera là demain. Il va venir vous voir jouer, il va ensuite descendre sur la piste d'athlétisme, où il assistera à un entraînement de boxe avant de rejoindre le plateau de "Stade 2". » Je dis à mes associés que, si Macron s'approche du terrain de tennis, je le mets dans un fauteuil et je lance les paris. Le jour J, j'installe ma femme, mon fils, Richard Warmoes et Jon (tous deux cofondateurs d'Handiamo !) sur le bord du terrain éphémère dessiné sur le majestueux pont Alexandre-III, puis je reçois un message : « Le PR arrive, il vous regardera jouer mais ne souhaite pas taper la balle. » Je suis avec Lucas Pouille, Charlotte Famin, Fabrice Santoro, Marion Bartoli. Marion parvient à convaincre le Président, il échange quelques balles avec elle. À ce moment-là, je refuse que Charlotte et moi jouions les potiches. Au bout de quelques minutes, j'interpelle donc Emmanuel Macron : « Monsieur le Président, maintenant que vous êtes échauffé, on va passer au vrai tennis. » Il remarque le fauteuil que Richard lui tend, sourit, enlève sa veste, et s'assied. Je ne souhaite pas le mettre en difficulté, alors je me positionne derrière lui et je le pousse. Il est à l'aise, il joue le jeu, il m'écoute et veut progresser ; nous nous amusons. Une chose est sûre, ce n'était absolument pas un plan de communication de sa part. Il ne souhaitait pas jouer. Mais c'était pour nous une occasion extraordinaire de mettre en avant notre cause. Je voulais le convaincre. Qu'est-il ressorti de ces Journées olympiques ? L'image du président de la République jouant au tennis en fauteuil. La scène a fait le tour du monde. Nous avançons ensuite à ses côtés, avec ma femme, mon fils, mon frère ; le service de sécurité s'occupe de nous. J'ai le sentiment d'accompagner une rock star. On fait le tour des animations, on traverse le pont Alexandre-III envahi par la foule, puis nous rejoignons le plateau de « Stade 2 ».

Cette journée devait prouver au CIO qu'il existe une réelle adhésion populaire et universelle à la candidature de Paris aux Jeux olympiques et paralympiques de 2024. Le regard sur le handisport n'est plus le même. Il semble que la façon de l'appréhender évolue au sein du mouvement sportif et que celui-ci s'impose de plus en plus. Je remarque un engagement authentique autour du mouvement paralympique, et plus globalement autour de la question du handicap. Dès le début de l'aventure, j'ai choisi de m'imposer comme un acteur incontournable de Paris 2024 en devenant l'un des ambassadeurs de la candidature. Des Paralympiques dans une ville changent fondamentalement le rapport au handicap et à la différence. Ils sont indissociables d'un projet plus global de société, un formidable accélérateur en termes d'accessibilité et de changement de regard. Parce que tout ne se réduit pas à une question de largeur de porte et de rampe, il s'agit aussi de liens que nous développons avec l'autre. Le sport reste une activité largement pratiquée dans notre pays, investie de valeurs puissantes et positives, qui peut transformer nos rapports sociaux.

Il faudrait redéfinir le handicap, ne plus l'aborder comme une déficience par rapport à un environnement donné. Ce serait à l'environnement en question, à la société, de se transformer pour s'adapter à la personne en situation de handicap. Il s'agit de renverser les relations. Cela prolongerait la notion d'intégration au processus d'inclusion. Au « vivre ensemble », expression galvaudée et souvent moralisatrice. Et pourtant, la société comporte des faces A et des faces B. Un même pays rassemble des contraires, des différences, et toutes, sans exception, ont le droit d'exister. Je voudrais donc que l'État introduise une nouvelle logique d'accessibilité à l'école, mais aussi au travail, à la santé, aux transports, aux sports, aux loisirs, etc. Cela découle de la capacité et de la volonté de transformation de notre cadre. Aujourd'hui, les personnes handicapées vivent dans une société discriminante. Nous sommes en 2018, et il s'agit de la minorité la plus discriminée dans notre pays, une première place dont on se passerait volontiers.

– **Vie professionnelle :** le taux de chômage parmi les personnes handicapées s'élève à 19 %, soit deux fois plus que la moyenne nationale. Cela traduit un échec cuisant des gouvernements précédents et je crains que le gouvernement actuel ne fasse pas de miracles non plus. La question de l'accès physique au lieu de travail se pose, bien entendu, mais le plus gros blocage provient des recruteurs, qui, par ignorance, craignent la présence d'un travailleur handicapé au sein de leurs équipes. Il sera en retard, absent, inefficace… des clichés à déconstruire, encore et toujours. Il faut également souligner que les personnes handicapées sont souvent sous-qualifiées car elles n'ont pas un accès aussi aisé à l'éducation et la formation que le reste de la population. On se gargarise d'avoir augmenté l'allocation adulte handicapé (AAH), mais vivre avec moins de 900 euros par mois est tout simplement inacceptable. Des milliers de personnes vivent dans des situations précaires car nous en sommes encore à nous demander, en 2018, si nous sommes capables de travailler aux côtés d'une personne handicapée. Ce n'est plus tolérable.

– **Vie affective et sexualité :** la personne handicapée est aujourd'hui niée dans son identité et dans sa sexualité. Le monde médical alimente malgré lui cette idée reçue. Il retire toute intimité au patient. Il faut effectuer un réel travail sur soi pour réussir à se réapproprier son corps, d'autant que le handicap ne représente pas un critère de beauté ordinaire. J'ai été choqué de constater la différence de traitement entre hommes et femmes handicapés. 100 % des hommes accidentés que j'ai vus arriver dans mon centre repartaient avec leur femme alors qu'une écrasante majorité de femmes accidentées repartaient seules. Sommes-nous à ce point faibles, superficiels, lâches, incapables de supporter le regard, certes pesant, des autres ? La présence d'assistant(e)s sexuel(le)s dans notre pays est un sujet essentiel qui demeure pourtant tabou. Une personne handicapée a aussi des désirs, des envies, des fantasmes.

– **Logement :** le gouvernement actuel, via la loi Elan, prévoit finalement de ne construire que 10 % de logements accessibles aux personnes handicapées au lieu des 100 % promis, le reste devant être « évolutif », sans autre précision de la part du ministère. Cela va se traduire par une diminution du nombre de logements accessibles disponibles. Selon moi, mieux vaut être zélé quand il s'agit de problématiques aussi importantes. Avoir un logement accessible reste une condition essentielle pour mener une vie autonome. Dans une société où le mal-logement touche plus de 4 millions de personnes, dont un grand nombre de personnes handicapées, il est urgent d'adopter des lois exigeantes et non pas de céder face, entre autres, au lobby immobilier.

– **Culture :** comme pour le reste, rien ne justifie que les personnes handicapées n'y aient pas accès. Nous constatons un phénomène d'autocensure, sûrement dû à une méconnaissance des structures existantes. L'accès reste très compliqué, voire impossible, à certains festivals, salles de concert et de cinéma. Si l'accueil est envisageable, c'est souvent à une place unique et isolée, ce qui ne permet pas de profiter d'un moment avec des proches. L'Olympia est un très bon exemple. Vous pouvez avoir accès à ce théâtre quand vous êtes en fauteuil. Après avoir emprunté l'entrée des artistes, vous êtes obligé de rester sur votre fauteuil, derrière la régie, au premier étage, et, s'il n'y a pas trop de monde, votre « accompagnateur » du jour pourra s'asseoir à vos côtés, sur une chaise généreusement mise à disposition. Il semblerait que, « pour des raisons de sécurité », nous ne puissions pas nous installer au niveau de l'orchestre. Ces mesures n'ont en revanche pas limité l'Opéra-Comique, par exemple, qui permet à tous, sans exception, d'avoir accès à toutes les catégories de place que le théâtre peut offrir.

– **Sport :** souvent dispensés de cours d'éducation physique et sportive, les jeunes handicapés ont rarement l'occasion d'accéder au plaisir et à la culture de cette discipline scolaire. C'est aussi un enjeu majeur de santé publique pour une population sédentaire et donc plus sujette aux maladies cardio-vasculaires. Et bien sûr, un outil formidable pour gagner en autonomie. J'ai eu à de très nombreuses reprises l'occasion de constater les effets bénéfiques de la pratique sportive mixte (handi et valide) en matière de changement de regard sur le handicap. Pour apprendre à vivre ensemble, sur les mêmes terrains de jeux, il faut développer la pratique du sport pour tous dans tous les clubs de France. Il faut que la FFH fasse sa révolution et que tout le monde assume ses responsabilités, en finançant le matériel spécifique souvent coûteux d'une part, mais surtout en rendant accessibles les installations sportives sur tout notre territoire. De trop nombreuses personnes en situation de handicap ne peuvent accéder à une pratique sportive pourtant bénéfique pour leur santé, leur bien-être, leur lien social et leur image personnelle. À la faculté, quand j'ai repris mes études, il m'a fallu choisir des options. Le tennis était proposé, et j'ai bien évidemment sauté sur l'occasion. Le cadre enseignant a dû faire face à une demande originale mais il s'est vite adapté, fier de compter un étudiant champion de France. Pour m'évaluer, je leur ai proposé d'assister à l'un de mes entraînements de tennis ; c'était la première fois qu'ils envisageaient le handicap à travers une pratique physique. J'ai eu 20 !

– **Éducation :** c'est à mon sens une priorité absolue. Le premier lieu qui devrait être accessible pour les handicapés reste l'école. 100 % des enfants devraient dès que possible pouvoir être scolarisés dans n'importe quelle école de la République. Apprendre à vivre ensemble dès le plus jeune âge reste un travail générationnel. Nous avons plus que jamais besoin de sensibiliser de manière générale sur la question de la différence. Pour cela, nous devons former et recruter massivement des auxiliaires de vie scolaire.

– **Loisirs :** l'accès est inégal, et même impossible pour la plupart. À titre d'exemple, 12 % du parc public est aujourd'hui accessible à Paris. Le but n'est pas de survivre mais de vivre et de jouir de tout ce que la vie et la société ont à nous offrir.

– **Transport :** pouvoir se déplacer librement est un droit fondamental. Le métro parisien est inaccessible, les bus le sont encore en partie. Dans les trains, il y a encore trop peu d'espaces réservés aux personnes à mobilité réduite (PMR). En comparaison, à Londres, même si le métro n'est pas complètement accessible, il reste une option pour se déplacer. Il faut encore se battre contre des taxis qui refusent de prendre des personnes en fauteuil roulant ou des passagers aveugles accompagnés de leur chien. Il faut concevoir l'accessibilité de manière universelle.

– **Isolement :** la France développe plutôt une bonne prise en charge médicale et sociale des handicapés moteurs notamment, mais elle doit veiller à ne pas les isoler du monde réel et du monde extérieur. Pour la personne handicapée, la pression sociale est souvent disqualifiante. Elle se glisse insidieusement dans sa conscience. Ceux qui se soumettent aux jugements perdent leur estime personnelle et leur confiance en eux. Cette stigmatisation condamne à l'exil social et aboutit au retrait de la société. Il faut être solidement armé pour résister à cette pression et pour passer de la honte à la fierté.

Je nous considère comme des citoyens de seconde classe, c'est-à-dire que nous avons les mêmes devoirs mais pas les mêmes droits. L'inaccessibilité génère des pertes de chances et de grandes exclusions. J'ai vécu de nombreuses situations de discrimination. Un soir, je me rends au Latina, sur les Champs-Élysées, avec Patrice, un ami. Celui-ci m'avertit qu'il y a un escalier mais cela ne me bloque pas, je peux monter et descendre les marches en me tenant à la main courante et, dans le pire des cas, il m'aidera. Le videur nous empêche malgré tout d'entrer, nous gratifiant du traditionnel : « Ça ne va pas être possible. » L'établissement n'est a priori pas équipé pour accueillir des personnes en fauteuil roulant. Je lui réponds que je peux marcher et que mon pote va m'aider à descendre mon fauteuil, que ce n'est pas la première fois que nous le faisons. Il ne veut rien entendre. Je lui rétorque alors qu'il s'agit tout simplement de discrimination. Il tente de se justifier : « En cas d'incendie, vous ne pourriez pas sortir et péririez dans les flammes ! » Cette logique ne tient pas debout. Je connais peu de discothèques parisiennes où l'on refuse de servir de l'alcool à certains clients déjà ivres sous prétexte que cela réduirait leur chance d'évacuer les lieux en cas d'incendie. Ils n'entendent aucun argument et demeurent catégoriques : la boîte de nuit m'est strictement interdite.

Je contacte le directeur des lieux le lendemain, qui s'excusera platement en accusant ses videurs de faire du zèle. Je le soupçonne, comme d'autres auparavant, de refuser des clients comme moi pour une question d'image. Alors que la liberté de se déplacer semble naturelle, il existe pourtant des millions de personnes qui en sont privées et qui, de ce fait, ne peuvent jouir pleinement des loisirs et plaisirs de la vie. Il ne s'agit pas de bénéficier de droits extraordinaires, mais juste de pouvoir vivre comme des citoyens à part entière. Ces deux questions relèvent avant tout de la volonté et de la cohérence politique. Ce genre de mésaventure ne m'est par ailleurs jamais arrivé en Australie, ni aux États-Unis, même dans des lieux a priori inaccessibles.

Je souhaite que Paris 2024 soit synonyme d'innovation. Le désir de m'engager naît de ma liberté, de mes expériences concrètes et de la certitude qu'il est possible de développer de nouvelles dimensions, meilleures, qui surpassent les préjugés et les barrières érigés par notre société. En septembre 2017, je me rends à Lima avec une partie de la délégation officielle de Paris 2024, où se tient la session du Comité international olympique (CIO) qui doit désigner les villes hôtes des Jeux olympiques et paralympiques de 2024 et 2028 dans le cadre du processus de double attribution. Les Jeux sont déjà faits. Le 11 juillet 2017, le CIO adopte le principe d'une attribution simultanée des éditions 2024 et 2028 des Jeux olympiques d'été. Quelques jours plus tard, Los Angeles annonce le retrait de sa candidature pour 2024 pour se concentrer sur 2028, laissant Paris seul en lice. Il ne reste plus que l'officialisation. Je suis avec les membres à l'origine de la candidature, les athlètes et le mouvement sportif qui ont mené cette campagne, les collectivités impliquées depuis le premier jour, les partenaires économiques engagés à nos côtés. On retrouve entre autres Tony Estanguet et Bernard Lapasset, coprésidents de Paris 2024, Anne Hidalgo, maire de Paris, Emmanuelle Assmann, présidente du CPSF, Denis Masseglia, président du CNOSF, Laura Flessel, ministre des Sports, Valérie Pécresse, présidente de la Région Île-de-France, et de nombreux champions comme Teddy Riner, Gwladys Épangue, Marie-José Pérec, Arnaud Assoumani, Sarah Ourahmoune, Fabien Gilot, Nantenin Keïta et aussi des chefs d'entreprise partenaires de la candidature comme Sébastien Bazin, Philippe Salle, Alain Ducasse et son légendaire pâté en croûte seront même du voyage. Nous allons passer notre séjour au Pérou à expliquer ce que seront les Jeux de Paris et de la France : une célébration unique du sport et de l'olympisme, qui laissera un héritage fort aux populations.

Je suis heureux de retrouver Teddy Riner. Ensemble, nous rions de tout et surtout de nous-mêmes. Là-bas, comme j'aime le faire, nous nous faisons remarquer. Nous sommes heureux de remporter ces Jeux, c'est la fin d'un combat, de deux ans d'engagement pour moi, et bien plus pour d'autres. Anne Hidalgo est prise par l'émotion au moment de l'annonce ; c'est un véritable soulagement. Là-bas, on discute, je m'assure que l'on prononcera bien le mot « paralympique », il doit être entériné, c'est une nécessité. Je souhaite que l'on organise des Jeux que l'on n'a jamais organisés avant. Je dois avouer que cette ambition m'euphorise. Je mets l'ambiance dans l'avion du retour. Je ne dors presque pas. Le commandant de bord m'invite à intégrer le cockpit et je survole la cordillère des Andes aux premières loges. Je n'oublierai jamais ce moment. À l'arrivée, je prends le micro et je réveille tout le monde, debout, dans les allées de l'Airbus. Ce jour-là, je ne souhaite pas quitter l'équipe. Quand les hommes se lient, « composent », la vie gagne en puissance et en créativité. Comme à chaque arrivée de vol, je dois être le dernier à sortir. À chaque fois que j'atterris à Roissy – Charles-de-Gaulle, c'est la même histoire : tous les passagers ont débarqué depuis un bon quart d'heure et moi j'attends. Mon fauteuil roulant est rarement à la sortie de l'avion. Je trouve inacceptable d'imposer aux handicapés des transferts lents et inconfortables dans des fauteuils roulants d'un autre âge, ressemblant à des poussettes pour adultes, maniés par des personnes qui n'ont pas suffisamment été formées et se révèlent donc incapables de répondre à nos besoins. C'est gênant et dégradant. Un jour, on m'a expliqué que mon fauteuil avait été envoyé sur le tapis avec les autres bagages ! Mais cette fois-ci, je choisis une sortie plus audacieuse et grimpe sur les épaules de Teddy, suivi de Fabien Gilot portant mon fauteuil. J'ai le meilleur sherpa avec moi. Notre arrivée se révèle magistrale ! C'est par nos choix que nous nous éprouvons indépendants, des choix exigeants qui nous sont propres, même si notre époque tend à nous convaincre que la liberté réside dans le fait de ne pas choisir.

Notre avenir est prometteur. À l'image des 81 % de Britanniques qui confient avoir mesuré un changement positif vis-à-vis de l'inclusion après les Jeux de Londres en 2012, Paris 2024 veut franchir un nouveau cap. Les Jeux olympiques et paralympiques ont été conçus comme un seul projet. Sur la question du handicap, trois thématiques guident le travail du comité de candidature et des parties prenantes : l'amélioration des conditions d'accès et de la pratique pour tous (amateurs ou professionnels), le développement de l'accessibilité des équipements, le changement de perception sur le handicap dans la société. Nous voulons que les Jeux constituent un accélérateur de changement et que notre société s'ouvre par le biais du sport. Nous voulons que cet événement change le quotidien de toutes les personnes en situation de handicap.

Durant la campagne pour la candidature, j'ai participé à la « Semaine olympique et paralympique », un dispositif qui a déjà sensibilisé plus de 2 millions d'enfants dans les écoles. Elle se tiendra désormais durant chaque mois de janvier afin de faciliter l'accès des jeunes à la pratique sportive. Lors de ces rencontres dans les écoles, j'ai abordé les valeurs de l'olympisme, et plus généralement les bienfaits du sport, du fait d'être ensemble, de partager, au-delà des différences. C'est un projet essentiel qui promet de belles avancées.

Développer une politique sportive favorisant l'intégration des personnes handicapées revient à provoquer une véritable « révolution culturelle » dans le monde du sport. Il ne convient plus de penser et d'agir différemment, pour des groupes prétendument différents. Toute personne devrait pouvoir accéder aux mêmes pratiques sociales, quelle que soit sa singularité. Mes engagements permettront de rendre l'existence plus confortable et agréable. Je souhaite valoriser les signes particuliers, accepter les marges, les écarts, les détours, chacun doit prendre part à l'universel, chaque personne possède sa distinction, située au plus intime de tout être et de toute vie.

Chapitre 6

# Montrer les choses avec justesse pour les aborder avec justice

« Charismatique, authentique et cash, Michaël Jérémiasz est certainement un champion qui va marquer les Français pour longtemps, comme il m'a marqué dès notre première rencontre pour la télévision. Celui qui choisit de se qualifier lui-même d'"égocentrique-altruiste" semble savoir à quel point il est un être inspirant. Mais ce que j'apprécie le plus, je crois, c'est qu'il prend soin de ne jamais intimider ses interlocuteurs, malgré un parcours de vie hors du commun. Son secret ? L'humour sans doute. La transmission de ses valeurs et l'autodérision font des étincelles qui le rendent unique. Son clan y est évidemment pour quelque chose. Heureux qui a la chance de le rencontrer. J'ai eu cette chance... »

Frédéric Lopez, journaliste.

Nous sommes enchaînés au principe de catégorisation. Notre société peine à envisager la vie multiforme, hétéroclite, qui la compose. Elle masque et gomme les aspérités. Au-delà de l'uniformité, il y a erreur de trajectoire. L'homme est pourtant vulnérable, impermanent, polyphonique, mouvant. Si mon handicap a défini un de mes rapports au monde, je reste traversé par la force et la faiblesse, les regrets et les espoirs, les dépassements mais aussi les déceptions, comme tout homme sur terre. À chaque instant, nous pouvons tous subir des circonstances adverses, un accident, qui, sans prévenir, font voler en éclats nos certitudes, nos projets, nos désirs, ou encore le sentiment d'être engagé sur le bon versant de la vie. En une seconde, nous sommes alors propulsés de l'autre côté, hors de la voie ordinaire. Et le regard des autres se transforme. Après mon accident, je n'ai pas foncièrement changé. J'étais le même. Aux yeux des autres, j'étais différent. Changer le regard sur les personnes en situation de handicap reste aujourd'hui une formule toute faite, un slogan publicitaire, tant répété mais jamais vraiment entendu. Pourtant, il s'agit bien des yeux que l'on pose sur l'autre. Des yeux invalidants, transparents, compatissants, violents parfois, vecteurs de marginalisation et d'exclusion. Nombreux sont ceux qui affirment moins souffrir des limitations de leurs aptitudes physiques ou intellectuelles que de certains regards, souvent plus déstabilisants que les déficiences les plus sévères. Rien n'est plus néfaste que la représentation de ce que nous sommes. Elle est ce regard porté en miroir. La personne handicapée ne s'affirme pas sous le regard des « valides ». L'image du handicap est souvent plus douloureuse que le handicap lui-même.

Je me souviens du tout premier regard. Quelques mois après l'accident, toujours en centre de rééducation, j'obtiens enfin des permissions, du vendredi au dimanche soir. Je passe des week-ends en famille, dans notre maison de campagne ou dans l'appartement parisien de mes parents. Un matin, Jon me dit : « Il faudra bien que tu sortes un jour. De toutes tes perm, tu n'es pas sorti une seule fois. » J'hésite, mais je me dis qu'avec mon frère il ne peut rien m'arriver. Nous nous dirigeons vers la porte Dorée, je ne suis pas encore très autonome, Jon me pousse. Nous croisons une dame. Elle ne me regarde pas, elle me fixe. Ses yeux sont remplis de pitié, de tristesse. J'affronte son regard, être dévisagé ainsi me rend agressif. Jon continue de me pousser sans rien remarquer. Elle avance vers moi en me fixant ouvertement, me croise sans baisser les yeux. Cette situation m'est insupportable. Je bloque les roues de mon fauteuil, demande à Jon de m'attendre un instant. Je rattrape cette femme sans problème – la hargne me rend soudainement autonome – et l'interpelle, lui demande de s'arrêter. Je l'attrape par le bras et ne le lâche pas. Je hurle, lui redemande pourquoi elle me dévisage : « Je suis un animal pour que vous me regardiez comme ça ? » Elle se met à crier : « Mais lâchez-moi, au secours ! Au secours ! » Une situation ubuesque durant laquelle mon frère essaie de me calmer tandis que cette femme hurle. Je la laisse finalement partir mais ce premier contact violent avec le monde extérieur est représentatif de ce qui m'attend. Est-ce une image de pitié et de misère que je renvoie ? Je me souviens également de ma première rentrée scolaire en fauteuil. Mon accident est survenu quelques jours après la fin de mon premier semestre à la fac. Au retour du ski, j'étais supposé revenir étudier les langues étrangères appliquées, mais ce fut impossible. J'ai tout de même suivi mes cours par correspondance, depuis mon centre de rééducation, pour valider mes travaux dirigés. L'année suivante, je suis retourné à l'université. J'ai aussi passé le permis de conduire. Je vais tenter de mener de front études, rééducation et apprentissage du tennis en fauteuil. Je suis heureux de reprendre les cours mais j'appréhende le regard des autres. Le premier jour, j'arrive tôt dans l'espoir de passer inaperçu. Je traverse la dalle centrale de l'université de Créteil, je roule tranquillement. Je regarde loin devant : erreur de débutant quand on est en fauteuil. Il faut anticiper tous les obstacles de la cité. J'oublie de regarder juste devant moi et mes roues avant se coincent dans un trou. Déséquilibré, je chute et tombe lourdement par terre, les quatre fers en l'air. Mon fauteuil s'échoue à deux mètres de moi, les roues tournent encore. J'ai terriblement honte. Je tourne la tête en espérant que personne ne m'ait vu et je remarque un étudiant qui me fixe. Je l'interroge du regard : pourquoi ne me vient-il pas en aide ? Pourquoi reste-t-il figé ? Il quitte les lieux. Deux filles arrivent, affolées, elles m'aident maladroitement en tirant sur mes bras pour me relever. Je veux retrouver l'étudiant immobile, je roule sur 500 mètres, mais je ne le recroise pas. J'ai longtemps rêvé de m'expliquer avec lui. Aujourd'hui encore, je me pose des questions sur sa réaction.

Le regard des gens, leurs comportements ; aurais-je pensé qu'un jour ils m'affecteraient tant, à en serrer les poings et les dents ? Un jour, je déjeune dans un self-service avec mon cousin Maxime. Nous attendons notre viande quand je sens mon fauteuil qui avance de quelques mètres. Je me tourne, une femme me regarde, et elle me dit : « Ne bougez pas, je regarde juste les viandes. » C'est alors que je la pousse brusquement et lui lance : « Ne bougez pas, je regarde les fromages. » Elle ne comprend pas, alors je continue : « Mais vous m'avez pris pour un Caddie ? » Cette consternation gorgée de pitié et de mépris n'est qu'une agression tout juste masquée, un jugement mutilant. Il est certainement question d'honneur, de fierté, mais je refuse d'être considéré comme une personne diminuée. Les gens peuvent fixer mon fauteuil comme une bête de cirque. Je ne peux traverser la vie en toute discrétion, même si je voudrais parfois m'effacer, m'annuler, jouir d'un parfait anonymat, d'une intacte transparence. Tout regard humain quel qu'il soit reste une entrave à ma liberté. Je ne peux plus habiter l'espace librement. Mais le regard des autres me tient, au-delà d'une représentation de ma fragilité, il me réduit à n'être qu'un objet qu'on regarde. Fasciné, voyeur, curieux, lourd, le regard se mue en arme redoutable. On me prive d'un pan entier de ma personnalité. Ceux dont on ne peut détacher le regard ne sont pas forcément vus. Le plus dur reste la compassion, humiliante. La méconnaissance, la peur de l'autre la sous-tendent. Elle pousse à construire des frontières et des murs de séparation. Les caresses dans le dos, les mains sur l'épaule, dans les cheveux sont insupportables. Je me souviens d'une soirée en boîte de nuit où un jeune m'a caressé le crâne et gratifié d'un : « C'est cool que tu t'amuses, mon pote. » La réflexion me fige. Je l'attrape par le cou en lui faisant une clé de bras et je lui rétorque que je ne suis pas un enfant de 3 ans et encore moins un chien qu'on caresse, qu'il ne se permettrait jamais de faire cela à une personne valide. Combien de fois y ai-je eu droit ? C'est pourquoi de la justesse de notre regard dépend, précisément, la possibilité même d'être avec autrui. Du regard dépend la possibilité de s'inscrire dans la société, d'y être pleinement accueilli. On me parle de courage mais je ne me sens pas plus courageux qu'un autre. Dans leur bienveillance, je vois de l'ignorance. Elle rend condescendant et paternaliste. Le réconfort en bandoulière, les caresses infantiles, les fleurs et les chocolats, la pitié en pommade sur nos plaies de grands blessés.

Les phrases du type « À ta place, je me serais flingué » ou « Tu t'es fait les ligaments croisés ? Je sais ce que c'est » ne nous aident pas. Un soir, à la Favela Chic, je suis dans mon fauteuil, un cocktail à la main, quand une jeune femme s'accroupit pour se mettre à mon niveau. Je tourne la tête, nous nous regardons, et elle me lance : « Tu crois que c'est une solution ? » Je ne suis pas sûr d'avoir bien entendu, bien compris. Je lui demande de répéter, elle me dit à nouveau, fixant mon verre, et sur le même ton moralisateur : « Tu crois vraiment que c'est une solution ? » Je n'en reviens pas. Sans doute pense-t-elle qu'une personne en fauteuil roulant avec un verre d'alcool à la main boit forcément pour oublier son malheur. Je suis furieux. J'ai rarement ressenti autant de haine, si vite, envers quelqu'un. Comment ose-t-elle porter un tel jugement ? Je la traite de tous les noms d'oiseau. Elle me demande de me calmer, ajoute qu'elle n'y est pour rien si je suis handicapé, qu'elle ne mérite pas que je déverse mon aigreur sur elle. C'est la phrase de trop, après m'avoir fait passer pour un handicapé alcoolique, elle m'enferme dans le rôle du handicapé aigri. Je l'insulte, l'attrape par le bras, je serre pour lui faire un peu mal. Elle me demande de la lâcher, mais je refuse, puis son ami me somme d'arrêter, de la laisser tranquille. Je la pousse vers lui, Jon arrive et leur conseille vivement de partir. Ils quittent le bar sous les huées. Je me souviendrai toujours de cette histoire.

On oublie trop vite que nous pouvons avoir une vie comme les autres et cela s'applique à toutes les situations. Une année, je pars en tournoi avec Ahissa et d'autres amis direction Turin. Chacun est responsable de sa conduite avec ma voiture. Nous instaurons cette règle. Je tente des pointes à 180 km/h quand Ahissa me dit qu'il pense avoir vu une Subaru de la gendarmerie sur le côté. Il ne croit pas si bien dire ; la voiture démarre au moment où nous la dépassons. Quelques secondes plus tard, elle freine devant moi, un écran indique : « Veuillez nous suivre. » Je suis bon pour un retrait de permis. Arrivé devant la gendarmerie, l'agent me montre les jumelles qui m'ont flashé à 177 km/h. Je reconnais les faits mais lui explique que j'ai raté une première sortie et, en raison d'une envie très pressante, j'ai roulé vite pour rattraper la suivante. Je lui précise également que je suis en fauteuil roulant. Son ton change instantanément. Je lui demande si je peux emprunter ses toilettes. Il est gêné car la gendarmerie n'est pas accessible en fauteuil roulant, nous présente même ses excuses pour cela, et propose de m'aider. Ahissa s'en charge, il m'apporte mon fauteuil et je m'y installe avec les difficultés inhabituelles. Aux toilettes, Ahissa et moi sommes pris d'un fou rire nerveux. Je n'ai pas la moindre envie de pisser mais je crains la sanction du policier. Quand nous sortons, il nous attend à la voiture, me rend mes papiers et me souffle : « Bon allez, ça ira pour cette fois mais, la prochaine fois, anticipez vos besoins. »

Généralement, les personnes que je rencontre sont déstabilisées et me classent à part. Comment dépasser cette stupéfaction que provoque souvent le handicap, ou plus généralement la différence ? Restera-t-elle incontournable ou pouvons-nous envisager un changement de regard ? Nous devons nous demander dans quelle mesure il est possible de contribuer à l'éducation sur le handicap. Je crois que le regard changera grâce à un engagement croissant des médias, mais aussi à une prise de conscience du grand public.

On notera, avant d'aborder le sujet des médias, que, lorsque des films traitent du handicap, les fauteuils ne figurent jamais sur les affiches. *Patients, Intouchables, Tout le monde debout, The Sessions, De toutes nos forces*... Pourtant, je le répète, mon fauteuil est devenu mon arme de séduction massive. Il m'a tout enlevé mais il m'a aussi tout apporté. Je ne l'ai jamais humanisé, mais il constitue un trait d'union entre deux mondes. Pourquoi possède-t-il une image si négative ? Il apparaît comme une prothèse qui aide à vivre mais que l'on ne veut pas regarder car elle renvoie à la maladie et à la mort. Je crois que l'on protège, voire surprotège, notre champ de vision, notre environnement. Le corps des handicapés ainsi que leurs béquilles ne sont pas faciles à regarder. Ces angles aigus formés par les bras et les jambes, ces atrophies, ces muscles diminués, ces positions si incongrues qu'elles semblent douloureuses... de quoi donner envie de détourner les yeux. Mais la beauté est partout, il suffit de la montrer et de la faire jaillir. Et surtout, il faut essayer d'enlever les filtres qui nous interdisent de voir les corps. Le plus beau cadeau qu'on puisse offrir aux malades, c'est l'occasion d'être autre chose que des victimes. Ni compassion ni annulation, en se tenant à distance des écueils de la pitié et du voyeurisme. Il existe une puissante vérité du corps qui dépasse le souci d'apparence, la simple image de soi.

Le discours sur le handicap est presque toujours dévalorisant, né du champ lexical de la diminution et du tragique. Nos désirs de vie sont revus à la baisse, les enjeux appauvris, la marge de manœuvre rétrécie. L'horizon des possibles s'estompe. Pourtant la difficulté réactive des possibilités disparues. Elle touche le noyau de la hargne. Elle n'endort pas le corps mais lui réinjecte de la vie, augmente sa voracité pour chaque seconde, chaque intensité. Elle nous donne à vivre plus sensiblement, et plus attentivement ; notre rapport au temps se modifie, il y a urgence. L'instant présent n'est rien d'autre qu'une chronologie concentrée en un seul point, rien d'autre que la vie, qu'il convient d'exciter. Le cœur bat plus fort, les sensations se traquent. Jamais les malades ne sont montrés dans cette fougue. On se concentre sur la compassion, l'exploit courageux, mais on occulte la puissance des corps blessés.

Le handisport montre cette puissance. Il faut montrer le handisport. Pourquoi est-il si peu médiatisé ? Les performances des uns ne valent-elles pas celles des autres ? Est-ce dû à la différence des corps ? Le spectacle est-il si modifié ? Pourquoi les stades anglo-saxons sont-ils si remplis et les athlètes handicapés admirés ? La réponse se trouve plus que jamais dans le regard que porte la société française sur la différence. L'altérité du corps peut constituer un frein à l'engouement du public pour le handisport, mais l'essence même d'un possible désintérêt provient du manque d'information et de connaissance sur le handicap, de l'effroi immédiat que suscite le corps handicapé. Il y a pourtant quelque chose de fascinant dans cette énergie capable de contrer l'impossible.

Les producteurs, les directeurs de chaîne ont longtemps clamé que ce n'était pas assez spectaculaire, mais c'est prendre le problème à l'envers. Si on ne montre pas, on ne peut pas susciter l'intérêt. Il faut exposer les performances des athlètes handisport pour en mesurer l'ampleur. Il y a encore vingt ans, les événements étaient très peu couverts par les médias nationaux. Les freins sont nombreux et le public n'est pas « éduqué » pour apprécier de tels programmes. Pour comprendre les compétitions, il convient d'expliquer les multiples catégories existantes dans certains sports. C'est aux commentateurs de faire le pont, d'analyser simplement ce qui se produit sur les stades et durant les matchs. Le discours reste encore nébuleux. De plus, les médias préfèrent se concentrer sur les athlètes au corps parfait, symbole de performance. L'année 2012, avec les Jeux paralympiques de Londres, marque un véritable tournant dans la médiatisation du handisport. Londres affirme son souhait d'accueillir les Jeux paralympiques « les plus importants jamais organisés ». Un engouement nouveau se développe pour les Jeux, la fête dure de longues semaines, de nombreux spots publicitaires sont diffusés à la télévision, ainsi que des émissions consacrées aux athlètes. 2,5 millions de tickets d'entrée sont vendus. Du côté des sportifs, les chiffres sont tout aussi éloquents : 4 280 athlètes de 166 pays différents participent aux multiples épreuves. Concernant la diffusion des compétitions à la télévision, le comité organisateur s'apprête à battre des records puisque 4 milliards de téléspectateurs sont attendus, un chiffre largement supérieur à celui de 2008, pour les Jeux de Pékin. En Grande-Bretagne, la diffusion de plusieurs heures de compétition en direct est assurée par Channel 4.

Si Londres réussit à atteindre l'objectif fixé en organisant des Jeux paralympiques époustouflants, les médias français, a contrario, ont encore beaucoup à apprendre sur les attentes des téléspectateurs. La chaîne anglaise a diffusé une vidéo de promotion intitulée « Meet the Superhumans », je ne conseillerai jamais assez de la visionner. Les athlètes sont magnifiés. Souvent peu mis en lumière, ces sportifs des Jeux de Londres 2012 sont glorifiés dans un clip rythmé, ode à la grandeur de la différence. Nous avons besoin qu'on parle de nous en termes de performances. Channel 4 l'a compris et a engagé d'importants moyens dans ce sens. Elle assure également les 150 heures de direct préalablement annoncées.

Comparativement, la couverture médiatique française des épreuves handisports est loin d'être à la hauteur des Jeux olympiques. Aucune compétition en direct n'est proposée aux téléspectateurs français. Seules les cérémonies d'ouverture et de clôture sont retransmises en direct, sur France Ô. Pour le reste des Jeux paralympiques, France Télévisions réduit la voilure après avoir diffusé 300 heures de Jeux olympiques en direct. Nous sommes très éloignés du dispositif déployé et des moyens promotionnels employés par Channel 4 même si, en tant que pays hôte, l'Angleterre se doit de soutenir ses Jeux paralympiques. À Londres, la vente de billets a déjà battu le record détenu par les précédents Jeux paralympiques de Pékin. En France, une pétition circule pour réclamer la diffusion des Jeux paralympiques en direct. Les 17 000 signataires obligent France Télévisions à étendre sa couverture de l'événement. Au programme, un magazine quotidien avant les Jeux, un autre durant la compétition et un journal résumé des résultats, chaque jour. Pour visionner les épreuves, en revanche, il faut se connecter au site web de France Télévisions ou avoir accès à TV8 Mont Blanc. Cette chaîne locale refait le pari audacieux de retransmettre 77 heures de direct, après avoir déjà diffusé les Jeux paralympiques d'hiver de 2006 à Turin et de 2010 à Vancouver, et défend par la même occasion un positionnement sociétal. Malgré ses moyens limités, elle propose un dispositif intéressant incluant la participation de nombreux sportifs handicapés consultants dont l'expertise permet de défendre les disciplines paralympiques.

« Notre dispositif était déjà conséquent, explique Daniel Bilalian, directeur des sports de France Télévisions. Une couverture tout à fait raisonnable pour un événement comme celui-ci. » France Télévisions avance des arguments liés aux audiences. Mais, pour un groupe de service public, l'enjeu n'est-il pas autre ? Sur Twitter, de nombreuses réactions affluent, critiquant notamment le choix de une opéré par *L'Équipe* ; le journal occulte, en effet, totalement les Jeux paralympiques. Une décision incompréhensible pour les amateurs de sport présents sur Twitter. *L'Équipe* a toujours clamé, en off, qu'une une qui ne parle pas de foot, c'est 10 % de chiffre d'affaires en moins. Ils n'ont jamais placé les Paralympiques en une. Au même moment, un sondage de l'institut Toluna réalisé auprès de 1 000 personnes démontre que 84 % des Français aimeraient pouvoir suivre ces Jeux à la télévision. Et, parmi eux, 66 % préféreraient regarder des émissions en direct plutôt que des résumés quotidiens ou des émissions spéciales consacrées aux cérémonies d'ouverture et de clôture. À Londres, je lance des vidéos destinées au directeur des sports de France Télévisions, que je diffuse sur les réseaux sociaux. L'une d'elles commence par un plan sur mon visage et se poursuit ainsi : « Salut Daniel, tu as raison, on s'ennuie à Londres, il n'y a personne dans les stades, c'est vide... », et là, je tourne la caméra en direction de la foule de spectateurs qui se trouve derrière moi. J'incite mes collègues sportifs à faire de même, et les images créent vite le buzz.

Le handicap est mal vu en France, il symbolise encore la peur de l'autre. Gérard Masson, ancien président de la Fédération française handisport, déclare qu'il faut remettre en question l'image renvoyée par les grands médias : « À Pékin, France Télévisions avait probablement consacré trois heures aux Paralympiques. Et surtout, c'était vraiment la rubrique des chiens écrasés. Il faut arrêter de sortir les violons et de nous parler du "courage exceptionnel" des athlètes. Il faut filmer la performance. Les athlètes sont de haut niveau et réalisent des exploits sportifs », annonce-t-il dans un entretien accordé au *Monde*. Nous voulons être reconnus pour ce que nous accomplissons et non pour ce que nous sommes. Nous ne serions pas aussi convaincus de cet intérêt pour le paralympisme si nous ne l'avions pas vécu à l'étranger. Ce qui se passe dans les pays anglo-saxons dépasse toutes nos attentes. Les tribunes sont pleines de supporters qui applaudissent l'exploit. Les stades sont toujours remplis malgré les places payantes, alors qu'en France les places gratuites n'attirent personne. La différence s'explique par la représentation sociale de la différence. En Angleterre, les personnes handicapées évoluent dans la société de la même manière que les valides. Les lieux sont plus accessibles, le handicap est visible, presque normal.

France Télévisions prend le virage paralympique lors des Jeux d'hiver de Sotchi, en 2014. Le dispositif médiatique est inédit : 60 heures de direct sur toute la durée de la compétition, avec une moyenne de 7 heures de direct par jour. Toutes les épreuves des Français sont retransmises sur France 4. Deux journalistes sont présents sur place, Alexandre Boyon et Patrick Montel. Depuis Paris, Laurent Luyat anime un plateau composé de nombreux invités et consultants. « Tout le sport », sur France 3, propose aux téléspectateurs un résumé des meilleurs moments de la journée. On me propose de commenter les épreuves de ski aux côtés d'Alexandre Boyon. J'accepte avec plaisir car j'ai toujours eu envie de m'essayer à cet exercice. Je décide d'aller skier à Chamonix avec l'équipe de France, pour apprendre à les connaître et comprendre les spécificités de chacun et de leurs disciplines. Je travaille mes analyses de courses et mes prochains commentaires mais je reconnais que cela ne fait pas de moi un expert. Je suis très bien accueilli, notamment par Yohann Taberlet et Marie Bochet, et je sens que ma présence les marque. Je suis soucieux de savoir qui ils sont. Après le premier jour de retransmission, je prends mes marques, la complicité avec Alexandre s'installe. J'aimerais être plus présent mais je sens que je manque encore un peu de précision, même si les athlètes et leurs familles ont des mots chaleureux à cet égard. Je dois confesser avoir fait appel à mon ami Cyril, ancien moniteur de ski, organisateur d'une épreuve de Coupe du monde de ski handisport à Tignes par le passé. Cyril, qui m'a tout appris de la glisse, et qui m'a remis sur les planches après mon accident, s'est levé aux aurores un matin pour me commenter en direct quelques courses clés sur lesquelles j'ai envie de briller. Il m'envoie des rafales de messages que je lis en direct. Mon aisance et ma fraîcheur agissent et notre stratagème passe inaperçu, me permettant même d'affiner mon discours ! Chaque soir, il prend le temps de me transmettre les informations nécessaires pour que je puisse analyser et expliquer les épreuves à l'antenne. Cette longue préparation avant Sotchi, ainsi que ces riches échanges avec Cyril, ont sans doute fait de moi un consultant aguerri. J'apprécie Alexandre Boyon. Partout où il va, il crée une ambiance incroyable. Lorsque nous sommes tous les deux dans la même pièce, c'est l'enfer pour les autres. Heureusement, nous sommes la plupart du temps seuls dans la cabine, à part le jour où une énorme fuite d'eau venue du plafond se met à couler sur Alex, ou lorsque la famille de Marie Bochet vient fêter une nouvelle médaille d'or. Il se plonge dans ses fiches jusqu'à tard le soir, précise ses connaissances, alors que, de mon côté, je m'autorise quelques vodkas la nuit venue. Le matin, il m'apporte du lait chaud avec du miel pour soigner ma voix qui déraille de jour en jour. Il est une vraie mère pour moi. Il m'a beaucoup appris du métier. Nous avons connu un record d'audience sur ces Jeux.

Les jours passent et je gagne en confiance. Lorsqu'un skieur amputé des deux bras, Alexander Vetrov, manque une porte, je clame en direct : « Les bras lui en tombent ! » Alexandre Boyon, à ce moment-là, tente de dissimuler un fou rire. Il retire son micro, hilare, et me dit : « Tu te démerdes maintenant ! » Ma farce était volontaire. Patrick Montel avait de son côté confié qu'un skieur amputé avait déjà « 2,5 kilomètres dans les jambes » et qu'un athlète amputé des deux pieds en avait « plein les bottes ». Bertrand Chameroy, chroniqueur de « Touche pas à mon poste » sur D8, est revenu sur ces remarques en offrant une compilation des gaffes. L'exercice me semble facile, très drôle, mais quelque peu malhonnête. Pas un seul chroniqueur, que ce soit de « TPMP » ou du « Petit Journal », n'a cru bon de dire que j'étais à l'origine de cette blague volontaire sur un athlète double amputé. Il est plus facile d'attribuer cette formule à un journaliste valide et donc maladroit. Que voudriez-vous que l'on dise ? Il en a plein les moignons ? Il m'arrive régulièrement de dire à des amis malvoyants « tiens, regarde »... Patrick Montel partage mon avis : nous pouvons rire de tout. Après avoir discuté de cette séquence reprise par Bertrand Chameroy, je l'encourage à défendre cette position sur les réseaux sociaux, mais il craint, aujourd'hui encore, les retours critiques.

En 2008, sur France Inter, Stéphane Guillon offre aux auditeurs une chronique sur les Jeux paralympiques de Pékin. L'humoriste décrit les épreuves sportives présentant « la crème du handicap ». « Se lever en pleine nuit pour voir des athlètes handicapés pour faire du sport, c'est courageux », déclare-t-il. Quand l'humoriste évoque le tir à l'arc pour non-voyant, il précise qu'« exceptionnellement, l'accès aux tribunes est gratuit ». À propos de la natation synchronisée, en voyant « une jambe sortir de l'eau, un bout de bras, "il a" cru que c'était un film de Steven Spielberg, *Les Dents de la mer* ». Il mentionne l'hymne national « pour les sourds, non », ou encore présente le Rwanda comme capable d'afficher un « très grand nombre d'athlètes amputés ». « Et puis, si vous êtes valides, n'y allez pas. Toutes les places de parking sont réservées aux handicapés. » La chronique suscite de nombreuses réactions, notamment celle de Jean-Michel Royere, un auditeur handicapé depuis 60 ans, qui se sent outragé et le fait aussitôt savoir à la station publique par un courriel doublé d'une lettre. Ce qui choque cet auditeur, ce sont les « rires gras et déplacés des personnes présentes dans le studio ». Jean-Michel Royere demande que des excuses soient faites au micro de France Inter par Stéphane Guillon et Nicolas Demorand en personne, sous peine de porter plainte et d'alerter Jean-Paul Cluzel, le directeur de Radio France, et

Christine Albanel, ministre de la Culture. Frédéric Schlesinger, directeur de France Inter, lui adresse un courrier en réponse. Il confie qu'avant même ce courrier d'alerte il s'était lui-même déjà grandement interrogé : « Peut-on rire de tout ? Peut-on rire sans tenir compte de la profondeur des blessures qu'un simple trait d'esprit peut infliger ? » Il explique qu'il « a sensibilisé ses chroniqueurs et que si Stéphane Guillon plaisante avec le handicap, c'est parce qu'il traite ces personnes comme les autres ». Les réactions sont partagées. Certains ont bien reçu l'humour et ont félicité la chaîne, d'autres ont perçu des propos outranciers. La frontière est ténue. À l'époque, on sollicite mon avis et je découvre alors cette chronique et la polémique qu'elle suscite en France. Je réponds au journaliste qu'évidemment on peut et on doit rire de tout mais, qu'à titre très personnel, je n'ai pas trouvé le propos très drôle car j'estime qu'il aurait pu aller beaucoup plus loin. Il y a aujourd'hui une vraie frilosité. Certains y vont vraiment, comme Guillaume Bats, Jérémy Ferrari, et c'est cet humour qui me plaît. J'ai eu l'occasion de dire à Stéphane Guillon que je n'avais pas trouvé sa chronique particulièrement drôle lors d'une émission télé, tout en lui apportant mon soutien quant à cette polémique stérile.

Je voudrais dire aux humoristes que les handicapés seront les premiers à les défendre. Quand on traite un sujet malaisant, on en devient con. Quand on parle des handicapés, il faut toujours que l'on emploie les expressions « quel courage », « je vous admire », « quelle leçon de vie ». Il faut s'éloigner du pathos et ne pas devenir con. La médiatisation doit servir à dédramatiser le handicap et cela passe aussi par le rire. Tous les médias doivent s'emparer de cette thématique, comme d'un enjeu de santé publique. Nous devons transmettre un héritage performant, valoriser ce qui est possible, habituer le regard. Aujourd'hui, l'image du handicap que véhiculent les médias fait peur. Pour schématiser, il apparaît avec le Téléthon, une fois par an, le paralympisme tous les deux ans, la série « Vestiaires », les fictions « Joséphine, ange gardien » et « Caïn ». Le Téléthon nous renvoie à la souffrance des enfants, c'est la compassion qui incite au don, pour tenter de vaincre telle ou telle maladie orpheline. Dans les téléfilms et les séries, la représentation est souvent fausse, l'approche fantasmée. Tout cela manque d'humour. Si l'idée est drôle et novatrice, j'accepte tout – même et surtout si c'est *hardcore*. Mais quand un type, se pensant malin, me lance : « Alors, ça roule ? » je suis déçu tant la réplique est pauvre. Nous sommes profondément frustrés de ne pas avoir d'image publique. Il me semble nécessaire de travailler sur ces sujets et leurs déclinaisons, pour que la personne handicapée fasse désormais partie du paysage. 0,06 % des personnes qui apparaissent sur nos écrans sont en situation de handicap mais elles sont pourtant 12 millions à vivre dans ce pays.

À Rio, la retransmission en direct bat des records : plus de 100 heures, 10 heures par jour, sur France Télévisions. 14 millions de téléspectateurs sont sensibilisés. Pour Paris 2024, le Conseil supérieur de l'audiovisuel (CSA) a édité une longue note dressant les enjeux et les retombées positives de cet événement pour le secteur de l'audiovisuel français. La structure anglaise « Sport England » a relevé une augmentation nette de la pratique sportive des Anglais durant les années autour des Jeux de Pékin en 2008 et des Jeux de Londres, à domicile, en 2012 : + 1,1 million en 2008 versus 2006 et + 0,8 million en 2012 versus 2011. Le CSA considère ainsi « qu'une bonne exposition des disciplines olympiques et paralympiques à la télévision et à la radio est primordiale pour l'accomplissement des objectifs des politiques publiques et sportives. [...] Les médias audiovisuels devraient exposer sur leurs antennes toutes les pratiques sportives, y compris celles qui sont peu diffusées encore à la télévision. Ils devront faire preuve de pédagogie pour expliquer les règles des disciplines et la nomenclature des catégories de handicap. » Un grand travail reste à mener pour donner de la visibilité à nos disciplines. On a créé l'envie du grand public, mais il faut continuer à lui exposer toutes les possibilités liées à ce mouvement. Cette médiatisation constitue l'un des outils qui permettent de banaliser la différence et de favoriser l'épanouissement de ces sportifs. Le changement de regard se travaille, se prépare. Mais si l'accessibilité des lieux publics s'améliore et si notre présence augmente dans les médias, alors le regard pourra s'habituer aux corps extraordinaires. Il nous faut nous défaire des standards. L'humanité est multiple, la vie hybride. Mon combat est de la rendre visible dans sa globalité, et pas seulement dans le domaine du sport. Pourquoi un handicapé ne serait-il pas mannequin, chef, présentateur du 20 heures ? Le fait d'avoir été porte-drapeau et d'avoir eu la chance de pouvoir m'exprimer devant les télés, les radios, a modifié mon engagement, ma crédibilité, mon exposition. Je souhaite continuer à jouer un rôle pédagogique dans les médias.

J'essaie de rendre les choses évidentes car j'en ai une vision précise, synthétique, et documentée. J'essaie de donner au public le sentiment que mes connaissances et mes références sont aussi les leurs. J'ai la chance d'avoir accès aux grands médias. Mon premier grand souvenir reste d'ailleurs mon passage au « Grand Journal ». Je suis un enfant de « Nulle Part Ailleurs », j'ai grandi aux côtés de Gildas, De Caunes et Garcia. À mon tour, je me retrouve dans les loges, je passe de l'autre côté. C'est la seule fois où j'ai eu autant le trac avant de passer à l'écran. Et puis Denisot me place dans les meilleures conditions pour démarrer en me demandant de lui parler de ma première érection – je venais faire la promo de mon livre *Tant d'histoires pour un fauteuil* dans lequel je parle de cet événement. Avec Yann Barthès, plus tard, nous échangeons sur le plateau sans langue de bois. À partir de ce moment, on commence à me reconnaître dans la rue. On vient me confirmer que le combat que je mène est essentiel. On me remercie et on m'encourage à continuer. Je montre l'autre. Il dérange et déstabilise, mais je persiste. S'il étonne, dépayse, surprend, il nous oblige également à nous interroger sur notre rapport à l'altérité et sur l'altruisme dont nous sommes disposés à faire preuve au cours de notre vie. J'ai un jour l'occasion d'en parler longuement avec Frédéric Lopez. Son émission « Mille et une vies » dure une heure, durant laquelle nous échangeons librement autour du handicap, et notamment de la sexualité, de manière directe et publique. C'est assez rare. Je connaissais l'homme à travers les médias mais pas dans l'intimité. Nous avons tissé de vrais liens amicaux. Je me souviens du jour où il a fait son coming out, quelques jours après l'enregistrement de l'émission. Il avait qualifié notre rencontre de « coup de cœur », j'ai alors raconté, lors d'une interview accordée au *Journal du dimanche*, que son coming out avait logiquement suivi ce coup de cœur pour moi. Ce qui m'a valu une petite claque amicale de sa part lors d'un dîner et quelques rires échangés. Il ne s'attendait pas à ce que je blague là-dessus ! Il m'a par la suite invité à participer à l'émission « Rendez-vous en terre inconnue », je lui ai donc suggéré de choisir un lieu totalement inaccessible pour que le public puisse se rendre compte de nos capacités d'adaptation. Je lui ai également proposé de devenir parrain de mon association Comme les autres. Il a tout de suite accepté et m'a demandé ce qu'il pouvait faire concrètement.

Je lui ai suggéré d'organiser notre participation à « Fort Boyard » au bénéfice de l'association, et il a relevé le défi. Je regarde l'émission depuis que je suis tout petit, depuis l'époque où Patrice Lafont en était le présentateur. Il y a des marches partout, cela a été très physique de tourner toute la journée, se rendre d'un endroit à un autre, d'une épreuve à l'autre. Mais, grâce au staff et à mon équipe, j'ai pu aller où je voulais, quand je voulais. J'ai notamment été suspendu à plat ventre en haut du Fort et j'ai tenu Frédéric Lopez à bout de bras pour l'aider à traverser. C'était l'épreuve la plus physique, tout s'est fait à la force des bras. Si je m'engage dans ce type d'émission, ce n'est pas uniquement pour le divertissement ; ma présence témoigne de mon engagement. Je serais donc ravi de refaire « Fort Boyard », mais avec des épreuves encore plus audacieuses, afin de continuer à bousculer le public et à être présent là où on ne nous attend pas.

Je suis également invité sur le plateau de Michel Drucker, sur Europe 1, de « C'est au programme » sur France 2, animé par Sophie Davant ainsi qu'à l'émission de Mireille Dumas « Vie privée, vie publique ». Elle reste celle qui m'a emmené le plus loin dans l'introspection. Je travaille une parole construite et bien cadrée quand je m'expose dans les médias. Je me concentre sur le message à faire passer. Sûr de moi et habitué à me faire entendre, je reste prolixe mais structuré, je décris sans décrier, me raconte avec contes mais sans légendes. Je tiens aujourd'hui à me livrer dans cette autobiographie pour développer une parole plus intime. Ce qui m'intéresse, c'est l'envers du décor, l'intérieur. Ce que personne n'observe quand la fête bat son plein, quand le sensationnalisme oriente les émois. Ce qui se cache derrière la voix officielle. Ce texte a pu s'écrire quand ma vie a cessé d'apparaître comme une alternative, quand elle est devenue une somme d'émotions, d'envies et d'idées ayant enfin trouvé, tendue par l'universalisme, leur exacte formulation.

Chapitre 7
# Témoigner, conseiller, agir

« J'ai rencontré Michaël Jérémiasz pour la première fois à Rio – nous étions tous les deux avec la délégation française partie soutenir la candidature de Paris pour les JO de 2024. Il avait déjà approché AccorHotels, qu'il démarchait comme sponsor pour son tournoi de tennis handisport, le "French Riviera Open". J'ai vite compris l'engouement qu'il avait suscité chez mes équipes ! Michaël réconcilie lucidité et légèreté, sérénité et appétit de vie. Lors de la journée du handicap d'AccorHotels, coorganisée avec lui et ses équipes, j'ai pu observer la volonté, la générosité, la vision et bien sûr les qualités d'entrepreneur de Michaël. Tout dans ses associations est question de changement de regard. Des personnes handicapées sur leur situation, des personnes non handicapées sur le handicap, qui devient alors naturellement une autre forme de normalité. »

Sébastien Bazin,
P-DG de AccorHotels

Nous nous posons encore cette question : comment faire pour travailler avec une personne handicapée ? Mais nous sommes faits pour vivre ensemble. Le handicap prend sous son aile tous ceux qui ne sont pas dans la norme, tous les exclus, les trop faibles pour survivre et s'adapter à la jungle économique et sociale. Nous croyons à l'identification : chaque élément est entièrement déterminé, étiqueté. Or, A n'est jamais seulement égal à A. La logique actuelle tend à extraire cette multiplicité qui est en chacun de nous pour en faire un élément fondateur et déterminant. Chaque personne possède une étiquette, un prédicat, une essence qui discipline, ordonne et normalise toute son existence. Cette personne est noire, ou homosexuelle, et on voudrait la réduire à cette seule caractéristique. Pendant très longtemps, les personnes stigmatisées ont été définies par leurs stigmates. Aujourd'hui, nous évoluons, on parle du Président Obama, on parle moins du Président noir Obama. Et une personne qui est en situation de handicap est d'abord une personne. Ensuite, elle peut être handicapée. Il faut rencontrer chaque multiplicité. Je suis handicapé, comme je suis parisien, comme je suis barbu, comme je suis marié, comme un tas de choses qui me distinguent. Je me déplace en fauteuil roulant, c'est un constat, une réalité, mais cela ne permet en rien de cerner ma personnalité. En quoi mon fauteuil serait-il représentatif de mon identité ? La normalisation sociale et économique stigmatise les handicapés, les présente comme des personnes déficientes et inadaptées. Dans les entreprises, malgré les mesures censées favoriser l'embauche des travailleurs handicapés – obligation d'en embaucher au moins 6 % pour toutes les entreprises de plus de 20 salariés –, on en croise toujours aussi peu. Ils sont invisibles.

J'ai décidé de ne plus seulement être celui qui patiente, assis dans un fauteuil roulant, mais celui qui agit, qui s'engage et qui témoigne. Refusant de vivre pour ma seule personne, j'ai de nouveau envie de faire le bien, de me rendre utile publiquement. Tout ce qui pourrait améliorer la vie des autres m'importe. Plus nous luttons pour l'accessibilité, l'intégration, plus nous tissons des liens. Notre société ne tolère pas la vision de ceux qui sont tombés et ne se relèvent pas, notre société veut ériger des puissants, en construisant des murs derrière lesquels parquer la fragilité. Je veux prouver qu'il est possible de vivre, d'évoluer, de travailler avec une personne handicapée.

Parce que les personnes handicapées aspirent à être actrices de leur destin, il me paraît essentiel de construire un monde professionnel solidaire, qui accompagne, sollicite, intègre. Vivre de son travail et de ses compétences, c'est le souhait légitime de tout un chacun. Le travail crée des liens, sort de l'exclusion, enrichit nos expériences, apporte un sentiment d'utilité. Les personnes handicapées sont rarement comprises par les recruteurs, et les offres peu adaptées à leurs profils. Comment faire ses preuves face à des entreprises qui connaissent peu ou mal le handicap ? Je pars du constat que nos différences nous constituent, et que nous pouvons tous nous sentir, toutes proportions gardées, limités dans la vie. Ce qui m'intéresse est moins ce qui nous sépare que ce qui nous rapproche, et, par conséquent, moins le handicap que notre humanité commune.

Aujourd'hui, je conseille les entreprises en matière de politique du handicap. Cette nouvelle aventure est née – et cela devient une règle dans ma vie – durant un passage à vide. En 2005, je reviens des Jeux d'Athènes et, à cette époque, je suis licencié au Tennis Club de Montreuil, entraîné par Jérôme Delbert. En 2005, Arnaud Lagardère crée le Team Lagardère, une structure sportive professionnelle privée, au sein du groupe Lagardère, destinée à fédérer et promouvoir des sportifs professionnels de haut niveau. Je suis le premier athlète handisport à intégrer le Team, au même moment, notamment, que Richard Gasquet et Gaël Monfils. Cette structure devient une plate-forme dédiée à la performance sportive, où fusionnent un pôle d'entraînement et un centre d'expertise scientifique. Elle souhaite donner aux sportifs le moyen de franchir l'infime distance qui sépare un bon joueur d'un grand champion. Le Team devient un véritable laboratoire au service du sport français. Il réunit des entraîneurs, des préparateurs physiques, des physiologistes, des biomécaniciens et des chercheurs dédiés aux joueurs. L'ambition est grande, les dimensions techniques et tactiques sont placées au cœur de la stratégie, et je suis très fier d'intégrer cette structure, qui nous donne pleinement accès à la plate-forme et nous sponsorise.

Durant la première année de partenariat, je suis sponsorisé à hauteur de 10 000 euros. À l'époque, c'est tout à fait correct. Je bénéficie du même accès au staff et aux chercheurs que tous les autres sportifs du Team. En 2005, Paris est candidat pour les Jeux de 2012, le Team Lagardère s'engage alors dans une grande campagne en partenariat avec Air France. Ma photo est imprimée sur les affiches publicitaires portées par les bus de Paris. En 2005, quand je deviens numéro un mondial, Arnaud Molinié, le responsable de la communication et des affaires sportives, m'appelle et me confie qu'Arnaud Lagardère souhaite publier quelque chose, puis il m'encourage à acheter *L'Équipe* dans les jours qui suivent. Je m'exécute et tombe alors sur ma photo en page centrale, accompagnée d'un mot de félicitations du président Arnaud Lagardère. Je suis excessivement fier de ce soutien. Par la suite, chaque année, je rencontre Arnaud Lagardère dans ses bureaux, au pied de l'Arc de triomphe, pour valoriser notre partenariat. Nos échanges sont à chaque fois chaleureux et complices. Sportivement, je remplis mon contrat en parvenant à m'imposer sur les courts. Si bien qu'en 2009 il me sponsorise à hauteur de 50 000 euros. Fin 2009, à l'occasion de notre rendez-vous annuel traditionnel, je lui apprends que j'envisage de prendre ma retraite en 2012 et que je souhaiterais continuer dans le Team jusqu'à cette date. Il prend une feuille de papier, un stylo, et me pose un certain nombre de questions, notamment sur ma situation financière, le montant de mes autres sponsors, si j'ai un crédit en cours... Finalement, il me propose 100 000 euros par an : une très belle marque de confiance qui me permettra de finir ma carrière dans les meilleures dispositions et d'entamer ma reconversion dans d'excellentes conditions. Cerise sur le gâteau, il me promet ensuite de m'embaucher chez Lagardère Entertainment et me fait rencontrer sa DRH, Florence Bluche. Le rendez-vous se termine et je peine à croire ce que je viens d'entendre. Arnaud me raccompagne à ma voiture, nous nous embrassons et envisageons un avenir plus que jamais commun. J'ai appelé mes parents et Jon pour leur raconter le rendez-vous, comme pour me persuader que tout cela était bien réel. Pourtant, les contrats tardent à arriver. Quelques semaines plus tard, j'entends que le Team Lagardère perd de l'argent. La structure bat de l'aile. Ma saison va débuter et je n'ai toujours pas de sponsors, j'emprunte alors, pour la première fois de ma vie d'adulte, de l'argent à mes parents pour pouvoir continuer à disputer mes tournois. Sans eux, j'aurais été obligé d'arrêter ma carrière, faute de moyens. Durant l'été 2010, je fais mes dernières séances de cardio au sein de la structure. Je suis le dernier sportif dans la salle quand les déménageurs retirent les ultimes machines. Courant 2010, les athlètes quittent le Team les uns après les autres et Arnaud Lagardère renonce à son écurie de champions. Cette situation très préoccupante, inconfortable et inacceptable, m'obsède. Fin 2010, après avoir passé une année particulièrement compliquée, j'obtiens un rendez-vous avec Pierre Leroy, cogérant du groupe Lagardère, qui me reçoit dans son bureau. Je lui raconte dans les moindres détails l'histoire de mon parcours au sein du Team Lagardère et les engagements pris par Arnaud Lagardère. J'évoque également ma situation financière actuelle. Il comprend et ne semble pas surpris. On me propose finalement une mission de conseil autour de la question du handicap auprès du groupe Lagardère, de 2011 à 2013, une façon de compenser la perte de 2010 en posant les jalons de ma reconversion professionnelle. Je suis donc chargé de réaliser un audit sur la place du handicap dans leurs sociétés. Je rencontre de nombreux DRH, j'apprends à me professionnaliser, et cette expérience se révèle extrêmement enrichissante. En définitive, le groupe Lagardère reste le partenaire majeur de ma carrière, entre 2005 et 2016. Pour la période allant de 2005 à 2009, je le dois à Arnaud Lagardère en personne, puis, de

2009 à 2013, à ses équipes : Pierre Leroy pour la décision et Christian Guet, directeur des ressources humaines du groupe, pour la mise en place et la reconduction de notre partenariat. J'ai poursuivi ma carrière jusqu'en 2016 et ma mission s'est prolongée jusqu'à cette date. Je ne remercierai jamais assez Christian et Thierry Funck-Brentano pour leur confiance.

Encore une fois, je transforme cet accident de parcours en formidable levier. À la fin des années 2010 débute une période de remise en question. Jon, très engagé dans l'entrepreneuriat social et solidaire, aiguise mon désir d'agir. Lui-même ayant intimement besoin, après son aide incommensurable à mes côtés, de se tourner vers l'autre.

En 2010, ma femme est chargée de préparer un séjour pour l'association anglaise Back Up Trust, qui emmène des blessés médullaires[1] en séjour à la montagne. Les bénévoles doivent constituer une cagnotte pour financer leur voyage. Ma femme m'en parle et je lui propose de s'entretenir avec Jon, car son entreprise ONG Conseil pourrait tout à fait soutenir ce type de projet. Je les laisse le temps d'un déjeuner et, à mon retour, je les retrouve tous deux un grand sourire aux lèvres. Ils me font part de leur idée : pourquoi ne pas créer nous-mêmes une association ? Et c'est ainsi que nous lançons Comme les autres. Nous voulons que mon expérience de rebond dépasse le cadre intime. Nous

1. Il s'agit de lésions affectant la moelle épinière.

fondons l'activité de l'association sur nos valeurs propres : la non-discrimination, la solidarité, la justice sociale, la responsabilité, l'autonomie, l'indépendance et la liberté d'action ; l'authenticité et la liberté de ton, tant dans nos réalisations de terrain que dans nos communications auprès de nos différents publics (participants, bénévoles, donateurs, partenaires publics et privés). Nous nous spécialisons alors dans l'accompagnement de personnes handicapées, victimes d'accidents de la vie, dans leur parcours de reconstruction. L'idée est de les emmener gratuitement pratiquer des sports à sensations fortes le temps d'un séjour, avec des personnes valides : saut à l'élastique, motoneige, plongée sous glace, ski, ski nautique, ULM, parapente, bobsleigh, voltige, saut en parachute... Nous tentons ainsi de les réconcilier avec leur corps, avec elles-mêmes et les autres. Nous avons senti que ces activités, qu'on ne pratique pas forcément avant de se retrouver en situation de handicap, pouvaient être très efficaces pour reprendre confiance en soi après un accident. C'est une piqûre d'adrénaline, aux puissants effets psychologiques. Quand on se retrouve confronté au handicap, on s'imagine que la vie est terminée, qu'on ne pourra plus accéder à certains endroits, que tout va devenir compliqué. Mais ce n'est pas forcément la suite logique. Si la personne est capable de s'aventurer hors de sa zone de confort, dans des environnements comme la montagne ou la mer, elle sera plus à même d'affronter l'inaccessibilité et l'hostilité au quotidien.

Le « risque » exorcise la peur d'apparaître diminué. Nous collaborons avec des travailleurs sociaux, nous proposons un accompagnement individuel sur l'accès aux droits, la réinsertion socioprofessionnelle, la mobilité, l'adaptation du logement et l'accès aux loisirs. Nous nous engageons également auprès des familles, si elles le souhaitent. En effet, l'entourage n'est généralement pas pris en compte, il n'existe aucune structure globale pour tout un collectif. Il faut espérer que les proches soient suffisamment sensibles, intelligents, bienveillants pour trouver les mots justes et s'occuper d'une personne handicapée. Comme les autres s'est développé dans un premier temps à Paris et en Île-de-France mais nous comptons désormais quatre antennes en France, à Paris, Lyon, Marseille et Bordeaux. Je suis très heureux et très fier de cette association que je considère comme un réel accélérateur de reconstruction. La toute première année, nous sommes partis skier sur nos deniers personnels ; c'était une symbolique forte pour nous. Nous avons été lauréats de La France s'engage, fondation œuvrant pour l'innovation sociale, créée en 2016 par le ministre de la Ville, de la Jeunesse et des Sports, Patrick Kanner, sous le quinquennat de François Hollande. Cette récompense s'impose comme une vraie reconnaissance de nos actions et un soutien financier important pluriannuel. Nous avons initié François Hollande et Julie Gayet à la voltige, en mars 2018, pour leur montrer concrètement comment nous travaillions.

Cela a été l'occasion de retrouvailles émouvantes entre le Président et l'un de nos participants, victime des attentats du Bataclan.

À la même période, Richard Warmoes, entraîneur de tennis durant vingt ans au TC 12, puis directeur général du Paris Jean-Bouin, s'interroge quant à son avenir au Lagardère Paris Jean-Bouin. En 2010, il a dû quitter le navire. Il retrouve mon frère Jon ; ils ont tous deux envie de construire un projet autour du handisport. Je rejoins l'aventure et nous créons tous les trois l'entreprise sociale Handiamo ! Elle devient la première structure accompagnatrice de sportifs de haut niveau en situation de handicap dans leur parcours professionnel, tout en contribuant aux nécessaires changements de regard, de relations et de pratiques entre « monde du handicap » et « monde valide » via des formations et événements de sensibilisation au handicap. Handiamo ! a par ailleurs piloté la partie paralympique de la Journée olympique organisée en juin 2017 pour soutenir la candidature de Paris à l'organisation des Jeux de 2024. La journée « Tous en fauteuil » proposée chaque année à Roland-Garros relève de notre initiative. Une journée de sensibilisation en marge des matchs, au cours de laquelle les visiteurs, enfants et adultes, valides ou en situation de handicap, peuvent s'essayer à la discipline sur des miniterrains de tennis installés pour l'occasion place des Mousquetaires. The Adecco Group s'est rapproché de la Fédération française de tennis et Handiamo !

pour organiser cette opération. Le grand public découvre que la pratique d'un sport est possible en fauteuil roulant. Cela permet de banaliser le handicap et la différence, de sortir de l'image de souffrance liée au fauteuil. Babolat et Lacoste nous ont rejoints dans l'aventure.

Cela fait dix-huit ans que je suis en fauteuil, j'ai pu observer une évolution trop lente mais malgré tout positive des mentalités. Au niveau professionnel, également, les progrès sont notables. Il y a dix-huit ans, les entreprises préféraient payer des taxes et mettre le sujet de côté. Aujourd'hui, de nombreuses entreprises payent encore les taxes mais la plupart souhaitent faire évoluer les choses, il y a une réelle volonté d'être actif sur ces sujets pour ne plus les subir. Ces entreprises se posent de vraies questions : comment mettre en place des partenariats avec des écoles ? Comment mettre des annonces sur des sites spécialisés ? Comment optimiser ma taxe Agefiph pour organiser des événements de sensibilisation dans mon entreprise ? Comment donner une chance à chacun sans discrimination ? Il faut savoir que chaque personne est victime au moins une fois dans sa vie d'un accident, il ne s'agit pas forcément de handicap, cela peut être une maladie, la perte d'un proche, la précarité. Nous serons tous, un jour, confrontés à des difficultés. C'est donc une responsabilité collective de savoir comment gérer le quotidien de chacun, faire preuve de bienveillance, vivre ensemble. C'est pourquoi j'essaie de sensibiliser, de former.

Il reste des barrières et des clichés à déconstruire, des peurs à surmonter, mais un certain nombre d'entreprises évoluent, je pense, dans le bon sens. Il faut sensibiliser et rassurer – être handicapé, ce n'est pas un frein à la performance, à la mobilité – mais aussi informer sur ce que cela demande en termes d'aménagement de poste, d'aménagement du temps de travail au besoin.

La sensibilisation des collaborateurs et des managers est la clé pour les entreprises qui partent de zéro. Chacun doit comprendre la réalité du handicap pour mieux l'appréhender. Chez Handiamo !, nous proposons une démarche reposant sur un travail pédagogique et ludique, qui peut se matérialiser par des événements de mise en situation avec des personnes handicapées. Ce type de rencontre marque les salariés : ce sont souvent des personnes qui ont un parcours de vie très fort et qui ont dû faire preuve de résilience. La direction des ressources humaines du groupe Adecco a notamment demandé à Handiamo ! d'organiser un événement de sensibilisation au handicap à travers la pratique sportive et la participation de champions paralympiques, pour démontrer aux collaborateurs que handicap et performance sont parfaitement compatibles. Plus de 400 salariés du siège ont répondu présents et l'impact de cette journée a notamment donné envie à plus de 20 salariés handicapés de se déclarer auprès de leur employeur, ne craignant plus le regard que l'on pourrait porter sur eux.

Par le sport, j'ai acquis une grande rigueur, que je conserve dans ma vie professionnelle. Avec Alegro Consult, mon entreprise personnelle, je conseille seul plusieurs entreprises sur les questions liées à l'inclusion, l'intégration, l'engagement et la problématique du regard.

Daniel Delcourt, directeur général adjoint de Disneyland Paris, m'accueille un jour dans son bureau, après avoir vu un documentaire me concernant diffusé dans « Stade 2 ». Il souhaitait me rencontrer. Je lui fais part d'une expérience personnelle vécue chez Disney, un mois auparavant. Lors de mon passage à chaque attraction, on m'a systématiquement demandé si j'étais accompagné d'un adulte. Je lui confie que cette situation m'est apparue extrêmement discriminante. Daniel Delcourt m'écoute, il note l'intégralité de mes remarques, me questionne de manière sensible et intelligente. Il me propose ensuite d'animer une conférence inspirante pour les directeurs du groupe et, à la suite de cette intervention, de rencontrer toute l'équipe en charge de l'accessibilité. Cela fait vingt-cinq ans que Disney mène des projets engageants et travaille au quotidien pour une plus juste accessibilité pour tous. Nous avons par la suite eu de nombreuses discussions. Je suis allé sur place avec des pompiers, au plus proche de leur travail. J'ai réussi à faire diminuer l'âge de l'accompagnant à 15 ans au lieu de 18 ans, mais aussi à permettre aux personnes handicapées de profiter avec les autres – et non plus de manière isolée – des attractions. Disney reste à la pointe sur la question du handicap, ils sont à l'écoute et prêts à faire évoluer leur structure. Ils ont des règles de sécurité imposées très strictes, mais font appel à mon expertise en tant que diffuseur de bon sens. À ma demande, Disneyland a accueilli tous les athlètes paralympiques après les Jeux de Rio durant un week-end entier. Nous étions plus de 400 invités : tous les athlètes réunis ainsi que leur famille et leur staff, un pass Magic offert à tous pour profiter des attractions, hôtels et restaurants du parc. Le soir, Disney nous a donné la possibilité de défiler tous ensemble. Nous revivons ainsi le défilé de Rio mais à Marne-la-Vallée, à travers une vraie parade. C'était un grand moment, et nous étions alors bel et bien visibles aux yeux de tous les visiteurs. François Banon, à l'époque vice-président, en charge pour l'Europe de la communication et des affaires publiques de Disneyland Paris, nous rend hommage dans un très beau discours et nous offre, le temps d'un week-end, un accueil exceptionnel. La soirée qui suit est magnifique, on me remercie encore d'avoir été un porte-drapeau engagé et, pour couronner le tout, nous fêtons ce soir-là mes 35 ans.

Elior Group est une entreprise engagée en matière de sport et de handicap. Elle devient partenaire du comité de candidature des Jeux. Elle lance l'opération #2 024secondes de bien-être en invitant les Français à prendre 2 024 secondes de bien-être par jour, à travers différentes expériences sportives et gustatives. Je rencontre Frédéric Fougerat, le directeur de la communication du Groupe aux Jeux de Rio. Nous sympathisons, nous partageons les mêmes valeurs humanistes. Un dîner au Mama Shelter avec sa collaboratrice Agathe Weil scellera notre envie de travailler ensemble. Nous décidons alors de mettre en place un partenariat : je partagerai mon expérience de sportif de haut niveau et mon énergie avec les employés du groupe, dans le but de représenter au mieux leur stratégie RSE[1] « Positive Foodprint Plan ». Je rejoins la politique de santé et de bien-être très engagée du groupe, initiée depuis deux ans par Philippe Salle.

Le groupe mutualiste Malakoff Médéric investit les festivals pour en faciliter l'accès aux handicapés, via une expertise et des financements. Selon une étude réalisée par Malakoff Médéric, 61 % des personnes en situation de handicap estiment que l'accès à la culture est difficile. Partant de ce constat, le groupe a cherché à identifier les freins rencontrés et à orienter les organisateurs d'événements culturels vers des dispositifs adaptés à tous les handicaps. Lors d'une édition de Rock en Seine, à Saint-Cloud, j'ai pu arpenter le festival pour repérer tout ce qui était de nature à entraver l'accessibilité des handicapés. Depuis plusieurs années, l'entreprise consacre 6 à 7 millions d'euros par an à des actions de mécénat dans ce domaine et apporte son aide à Rock en Seine, comme à

1. Responsabilité sociale des entreprises.

Solidays à Paris, aux Eurockéennes de Belfort, à Terres du Son à Tours et à Musilac à Aix-les-Bains. Le groupe noue des partenariats avec les acteurs culturels, afin de les sensibiliser aux dispositifs d'accessibilité possibles sur leurs différents sites, puis les aide ensuite à financer ces équipements. À Rock en Seine, Malakoff Médéric a facilité le parcours des festivaliers grâce à une signalétique renforcée et à la mise en place d'outils d'information en braille afin d'améliorer le confort du public malvoyant. Une plate-forme surélevée face à la grande scène a également été agrandie pour accueillir davantage de personnes à mobilité réduite, et le périmètre des boucles magnétiques (dispositif permettant aux malentendants de brancher leurs appareils auditifs directement à la sono, en neutralisant les bruits ambiants) a été élargi afin de permettre à un plus grand nombre de malentendants de profiter de la musique sans interférences. Le tarif réduit proposé aux personnes bénéficiaires de l'allocation adulte handicapé a également été étendu. Aux Eurockéennes, l'espace « All Access » présente désormais des lieux de repos, des lieux pour les soins ou des réfrigérateurs pour conserver les médicaments au frais, mais aussi une signalétique adaptée, des programmes édités en braille ou en gros caractères, la possibilité de recharger les batteries des fauteuils électriques, des parcours adaptés aux fauteuils roulants et, bien évidemment, du personnel formé à l'accueil des personnes en situation de handicap, tels des chuchoteurs décrivant le spectacle aux festivaliers déficients visuels. Aux Eurockéennes, j'ai eu la possibilité de me mêler à la foule grâce à des cheminements permettant des déplacements faciles en fauteuil roulant. La présence de joëlettes (acquises grâce au financement participatif), fauteuils habituellement monoroue avec des brancards avant et arrière permettant de passer partout avec l'aide de deux personnes, m'a agréablement surpris. J'ai même slamé pendant le concert du groupe de punk celtique américain Dropkick Murphys, et ce moment a été immortalisé par une photo magique. Grâce à ces actions, la fréquentation des festivals partenaires par les handicapés a fortement augmenté. Ce mécénat est d'autant plus nécessaire que, au-delà de l'impératif juridique d'égalité de traitement ou de non-discrimination, l'accès à la culture constitue un vecteur d'émancipation majeur. Ce sont Pascal Andrieux, directeur des engagements sociaux et sociétaux chez Malakoff Médéric et directeur général de la Fondation Malakoff Médéric Handicap, et Odile Leblanc, chargée de communication au sein du groupe, qui ont développé ce partenariat riche et essentiel. Je deviens le porte-parole du Groupe pour l'accès à la culture des personnes handicapées.

Toyota est également partenaire des Jeux olympiques et des Jeux paralympiques. Le groupe a décidé de constituer un team de 12 athlètes paralympiques et 12 athlètes olympiques. C'est la première fois que je suis sponsorisé depuis que je suis retraité. Toyota souhaite développer son innovation technologique au service de la mobilité. Son engagement « Start Your Impossible » ne vise pas seulement le dépassement des limites, mais se centre plus spécialement sur la mobilité et l'accessibilité. Le groupe nous sollicite, s'intéresse à nos compétences. Aujourd'hui, je travaille sur l'organisation du *team building* de leurs athlètes. Ensemble, nous avons envie de sortir des sentiers battus.

Mon sponsor Lacoste, je le dois à Jon. Cette marque, c'est un rêve de gosse. La marque sponsorise l'événement Les Étoiles du Sport, qui regroupe chaque année les champions d'aujourd'hui et les champions de demain. Jon et moi sommes présents sur l'événement, comme chaque année. Nous aimons d'ailleurs nous retrouver ensemble durant cette période. Jon y rencontre Réjane Lacoste et lui parle de mon parcours. Son mari, Michel Lacoste, décide alors de me sponsoriser. Grâce à cette discussion, je deviens ambassadeur de la marque. Quelques années plus tard, je rencontre le nouveau directeur général de Lacoste, Thierry Guibert. Nous sympathisons immédiatement car nous partageons les mêmes valeurs profondes et surtout le goût de la vie. Dans le cadre d'une réunion avec tous les actionnaires du groupe, il me propose d'animer une conférence basée sur mon histoire et mon parcours. Je suis heureux d'insuffler un vent nouveau dans ce type d'assemblée. C'est grâce à Lacoste que j'ai pu inaugurer le Club France aux Jeux olympiques de Rio, avec Teddy

Riner. Le Club France a été rebaptisé le « Club Lacoste », tant son engagement en tant qu'équipementier des équipes de France olympique et paralympique cette année-là fut remarqué. Ils sont fidèles, comme la marque Babolat qui a été mon tout premier sponsor. Pour remercier Jon, je l'ai invité pendant cinq ans dans le restaurant trois étoiles de son choix.

Le Groupe Accor devient également partenaire de la candidature des Jeux de Paris 2024. Lors de la fameuse soirée blanche de Roland-Garros en 2017, je rencontre une fille qui boit des mojitos alors que le champagne coule à flots. Je raffole des mojitos et lui demande : « Est-ce qu'il y a moyen de boire un mojito ici ? » Elle s'appelle Stéphanie et travaille pour le Groupe Accor. Nous sympathisons et je lui parle du tournoi que j'organise, le French Riviera Open. Elle trouve le concept intéressant et promet d'en parler à Sébastien Bazin, P-DG du groupe. Nous réalisons une petite vidéo pour lui exposer rapidement le projet, à laquelle il répond aussitôt : « J'adore ce mec, en revanche, il faudra qu'il coupe un peu sa barbe. » Nous nous voyons quelques mois plus tard à Lima, nous sympathisons et, avec le directeur général pour la zone de l'Amérique du Sud, Patrick Mendes, nous réfléchissons au positionnement du groupe. Sébastien Bazin souhaiterait se positionner sur les Jeux paralympiques et accepte de devenir partenaire de mon tournoi de tennis et de mon association. Il souhaiterait également mettre en place des conférences dédiées pour ses salariés. À l'occasion de la Journée mondiale du handicap, je co-anime une conférence sur l'accessibilité devant 200 à 300 personnes. AccorHotels agit pour favoriser l'insertion professionnelle des personnes en situation de handicap à travers le monde. Aujourd'hui, le groupe va plus loin et implique ses collaborateurs dans de nouvelles actions visant à faciliter l'accès et le séjour des personnes à mobilité réduite dans ses hôtels. Je suis face à des gens qui veulent réellement s'engager, mener une politique plus juste, entreprendre autrement.

Certaines de ces entreprises me suivent dans mes projets personnels, comme Toyota, AccorHotels, Lacoste, Adecco, et deviennent notamment partenaires de mon tournoi de tennis : le French Riviera Open. Toujours mû par cette volonté de me tourner vers les autres, j'ai ressenti le besoin de créer ma propre compétition. Après avoir côtoyé les plus grands champions, soulevé des trophées, représenté la France, après avoir eu une carrière aussi riche, il me paraît indispensable de renvoyer l'ascenseur. Le tennis en fauteuil est un sport magique, il faut simplement trouver les bons angles d'approche, les bons mots pour en parler. C'est le but de cet événement. Je me lance dans cette aventure avec Cédric, mon complice. Nous l'organisons au sein d'une académie qui forme des champions, l'académie Mouratoglou, à Sophia Antipolis, ouverte en juillet 2016 par Patrick Mouratoglou, entraîneur de Serena Williams. Je connais Patrick depuis dix-sept ans. J'ai joué dans son académie, à Montreuil, et il a tout fait pour que je réussisse. Notre lien ne s'est jamais distendu, aboutissant à la création du French Riviera Open. J'ai rencontré Cédric sur le circuit, il est sportif amateur, chargé de mission à EDF au service communication. C'est un de mes amis les plus proches. Il prend généralement en charge la logistique et je m'occupe de trouver des partenaires. Nous voulons offrir les meilleures conditions de jeu et d'accueil aux joueurs, spectateurs et téléspectateurs car nous souhaitons par la suite médiatiser l'événement. Canal + va diffuser une des finales le 29 septembre. Nous avons l'intention d'en faire le rendez-vous international de la saison, après les grands chelems.

Au-delà de l'aspect sportif, le French Riviera Open possède aussi une vocation citoyenne. Durant le tournoi, chaque jour, des enfants des écoles de la région viennent s'essayer à la pratique du tennis fauteuil. Je les emmène sur les courts et leur fais prendre conscience de ce qu'est le handicap. Je propose aux enfants d'échanger à tour de rôle quelques balles avec moi. J'en profite pour leur montrer comment je me déplace en fauteuil, comment j'anticipe la trajectoire de la balle pour pouvoir la renvoyer avec aisance. Je tente de faire changer leur regard de manière ludique. Les enfants sont très curieux. « Pourquoi vous avez les jambes maigres ? » « Elle est où votre jambe ? » « Vous êtes né en fauteuil roulant ? » « Vous allez remarcher un jour ? » « Vous avez une amoureuse ? » « Vous pouvez avoir des enfants ? » Des questions que se posent les adultes mais que seuls les enfants énoncent. Leur fraîcheur et leur spontanéité me plaisent. Lorsqu'un enfant voit une personne amputée sur un fauteuil, il est immédiatement choqué. Puis, au bout d'une heure, il comprend et parvient même à en rire. Le handicap correspond souvent à la situation que les parents ou la société décrivent comme la pire qui puisse arriver. L'idée n'est pas de rire du handicap mais de l'appréhender différemment. Et c'est extrêmement efficace. Je leur enseigne également que rien n'est jamais acquis, mais que les choses peuvent s'obtenir à force de ténacité, de courage, d'intelligence et de modestie ; cela ne me semble pas artificiel.

Je suis extrêmement heureux de ma reconversion professionnelle. Je la dois beaucoup à mon frère Jon. C'est un entrepreneur social aux multiples casquettes : en parallèle de nos projets communs avec l'association Comme les autres et l'entreprise sociale Handiamo !, il a cofondé le groupe ONG Conseil, l'un des principaux acteurs de la collecte de fonds de rue en France, mais aussi la SCOP Voix Publique, une agence de communication d'intérêt général. Il est aussi président du Mouvement des entrepreneurs sociaux. Son engagement et son parcours citoyen m'ont guidé dans ma manière d'entreprendre. Cette volonté de donner du sens à nos actions, c'est lui qui me l'a enseignée. À travers mes engagements associatifs et entrepreneuriaux, je me bats pour l'amélioration du quotidien des personnes handicapées. Mon grand frère me décrit comme étant un « sportif de haut niveau pour cause d'intérêt général », je trouve cette formulation plutôt juste.

# Chapitre 8
## Le vertige des possibles

« J'ai été séduite par sa capacité à illuminer une pièce de son sourire et de son humour. Ce charmant jeune homme français m'a conquise avec cette passion pour la vie qui l'anime et son combat pour changer le monde, petit à petit. Aucun rêve ne lui semble inatteignable et il n'y a pas un jour ennuyeux à ses côtés. »

Carolyn Jérémiasz-Aldridge

Mon accident m'a fait renaître, m'a offert un corps dont la matérialité a au début été difficile à assumer. J'allais devoir comprendre que je n'étais pas né uniquement de cette mésaventure, mais qu'une infinité d'autres choses m'avaient construit, une multitude d'autres gestes, d'autres paroles et intentions m'avaient permis de me réapproprier mon propre corps, pour lui donner pleinement le droit à la liberté de respirer, de rire, d'avancer comme les autres. Il m'a fallu du temps pour le comprendre. Parfois, le désordre de nos vies nous ouvre des portes. Sans ces tumultes, je n'aurais jamais autant pris conscience de mon identité.

En 2003, durant mon premier voyage en Asie, j'ai ressenti quelques faiblesses. J'arrive à Kobé, le lieu est joli mais totalement aseptisé. Je séjourne dans un hôtel où personne ne parle un mot d'anglais, dans une chambre similaire à celle d'un hôpital, adaptée avec des lits médicalisés. L'angoisse m'étreint, j'appelle ma mère et lui annonce de but en blanc qu'il faut que je rentre. À cette époque, je ne suis pas sponsorisé, je n'ai donc pas d'argent pour organiser mon retour. Je simule alors une blessure au dos ; mon oncle Dominique m'a toujours dit qu'il n'existait qu'une seule pathologie qu'on ne voyait pas à l'image et qu'on ne pouvait remettre en question : le mal de dos. Je vois rapidement un médecin accompagné d'un traducteur et je me fais rapatrier ; ma mère me comprend et organise mon retour d'une main de maître. Je me souviens d'Édith, la femme de ménage de mes parents, qui, une fois de retour à la maison, me prend sous son aile. Elle est comme une nounou pour moi durant des années. Elle m'aide. Je sens que je n'avance pas, des pensées me bloquent, je décide alors d'aller consulter un psychiatre. Cela dure deux ans, de 2002 à 2004. Le cabinet n'étant pas parfaitement accessible, Ben m'y emmène souvent. Ben m'a tant aidé durant ces années où nous avons grandi et surtout vécu ensemble, dans notre chambre, chez nos parents, puis chez moi, quand nous sommes en colocation, car j'ai décidé de quitter le cocon familial. Mon mal-être vient-il de mon handicap ? Serais-je plus heureux sans mon fauteuil ? Ces questions m'ont longtemps hanté. En parlant, en échangeant avec ce psychiatre, je réalise que je bute sur d'autres problématiques : mon rapport aux gens, aux choses. Au bout de deux ans, le ciel s'éclaircit enfin et je sens que je franchis un seuil. Un jour, face à mon analyste, je reste muet. Pas un mot durant toute la séance. Ce sera la dernière. Depuis ce jour, mon handicap ne détermine plus mon bonheur ou mon malheur. Je n'en ai plus jamais souffert. J'ai compris combien mon analyste avait perçu ce qui était en jeu et, par de subtils effets de miroirs, d'échos répétés, m'avait amené à en prendre conscience. Il m'a fallu accepter de regarder la noirceur en face, sinon je n'aurais jamais distingué les étoiles.

Qu'est-ce que la résilience ? Le terme « résilience » – dont l'étymologie renvoie à la notion de résistance – désigne en physique la flexibilité des matériaux et leur capacité à retrouver leur état initial à la suite d'un choc ou d'une pression continue, l'aptitude d'un corps à résister aux torsions et à reprendre sa structure initiale. Depuis un demi-siècle environ, les Anglo-Saxons l'appliquent aux sciences humaines. La résilience commence à susciter un vif intérêt dans les milieux professionnels francophones. Chez l'homme, on peut ainsi définir la résilience comme la capacité de surmonter une épreuve avec une force renouvelée. J'ai récemment découvert Boris Cyrulnik et son livre *Un merveilleux malheur*. J'ai eu le privilège de participer à une masterclass à ses côtés pour les collaborateurs de TF1 sur la question de la résilience. Boris Cyrulnik indique que certains individus résistent mieux que d'autres aux aléas de l'existence, à l'adversité, à la maladie. Il n'y a qu'une part infime de génétique et de biologie dans notre capacité à rebondir. La sollicitation de ressources extérieures se révèle déterminante ; ces dernières vont agir comme des facteurs de protection. L'estime de soi, la sociabilité, le don d'éveiller la sympathie, un certain sens de l'humour permettant de mettre à distance l'épreuve, ou encore la capacité de se projeter sont des éléments qui aident à sortir de l'impasse et à se reconstruire progressivement. Une famille unie ou au moins un parent aimant et, plus largement, le soutien social sont également des piliers de la résilience. Ces interactions entre les individus et leur entourage conduisent à abandonner toute fatalité et tissent souvent des liens solides et volontaires. Les résilients nous apprennent qu'on peut trouver en soi des ressources parfois insoupçonnées pour faire face et continuer à vivre une vie qui en vaille la peine. Les épreuves dépassées sont souvent source de progrès collectifs, humains, mais aussi spirituels.

Le principe de résilience est de plus en plus étudié, exploité, il questionne la recherche et la formation dans le domaine médical, psychologique et éducatif. Il offre une possibilité d'élargissement des politiques sociales, développant la puissance des personnes blessées et meurtries.

Il m'a fallu quatre ans pour que mon handicap ne me cause plus de souffrances morales. La reconstruction ne se fait pas seule. J'ai pris pendant quelques mois des antidépresseurs. J'en ai eu besoin. La vie ne se résume pas au slogan « Yes you can », mais il y a des possibilités. Aujourd'hui, suis-je aussi épanoui que ce que je prétends ? Ce sont des questions que je me pose souvent. Je dois faire face à des problèmes de sensibilité, de brûlures, d'accessibilité, mais j'ai décidé de faire de ces difficultés mon combat. Être handicapé ne me pose plus, je crois, de difficultés personnelles. Lors d'une visite au centre de rééducation de Propara avec ma tante Cathy, le Directeur de l'établissement m'avait dit : « vous êtes un para de luxe, si seulement tous mes paras étaient comme vous ». Sur le moment, j'avais mal reçu cette remarque mais je réalise aujourd'hui à quel point je suis un privilégié. En revanche, je sais que tout peut basculer d'un instant à l'autre, que chaque seconde nous est comptée, que cette histoire ne tient qu'à un fil.

Je décide alors de vivre pleinement. Je suis devenu accro aux émotions que suscite le sport ; c'est une véritable école permettant de trouver en soi des ressources physiques et mentales extraordinaires. Les sportifs trouvent au plus profond de leur être la force d'aller jusqu'au bout, dans l'effort naît leur vérité. Le sport est un révélateur d'émotion. Depuis la fin de ma carrière, je me tourne vers des disciplines de caractère. Le haut niveau rend vite dépendant. J'aime la douleur que procure le sport, me prouver que je peux aller plus loin, faire des choses exceptionnelles. Je découvre les Spartan Race, des courses à obstacles qui demandent du cardio, de la force et de l'agilité. Nous devons courir, ramper – le plus souvent dans la boue –, franchir des obstacles, viser des cibles, grimper à la corde, soulever ou tracter de gros pneus et courir ou… rouler ! Lors d'une séance de musculation à l'INSEP, Enguerrand, un prof de natation et adepte de CrossFit à ses heures perdues, me lance ce défi : en France, personne n'a encore participé à ce genre de course en fauteuil. Quand je m'engage dans une épreuve qui n'est pas réservée aux handicapés ou qui n'a jamais été pensée pour les handicapés, j'œuvre avant tout pour la transformation du regard. Mon but est de prouver aux autres ce que l'on est capable de faire avec un entourage favorable et un bon entraînement. Et peut-être d'inspirer les participants pendant la Spartan Race, les pousser à se dépasser. Je propose à Weihan, mon barbier, et à Raphaël, un ami d'enfance de mon petit frère, fan de ce genre de challenge, de m'accompagner. J'ai encore ce besoin de me lancer des défis fous mais en équipe. Durant cet événement, nous réussissons à faire totalement nous réussissons à faire totalement abstraction du fauteuil roulant : nous le portons comme n'importe quel élément, nous le jetons, le trimballons. Nous avons participé depuis à deux autres Spartan Races, en mobilisant de nombreux athlètes olympiques et paralympiques. Mon prochain défi sera de finir un Iron Man en 2020 avec Steeve et Cédric s'il ne se défile pas. Toutes ces aventures m'ont appris que la vie ne rentre pas toujours dans des cases. Il n'y a d'ailleurs pas de cases qui tiennent, et donc pas lieu de se plier aux contraintes imaginaires qu'elles impliquent. Ce qui m'angoisse, c'est qu'on refuse de penser l'infini, qu'on reste tapi derrière les barrières mentales érigées par les préjugés et qu'on garde les yeux baissés. J'ai réalisé qu'il ne s'agissait pas d'aller au-delà de mes limites – je ne me reconnais pas dans la prise de risque ou dans la transgression – mais plutôt de m'émanciper de celles-ci. Il me fallait les redéfinir, élargissant ainsi mon potentiel, mon nouvel horizon des possibles.

Avec Cédric, mon complice, et Steeve, mon jumeau sicilien à roulettes, nous nous lançons un défi, un soir, en rentrant de soirée : participer au marathon de New York. Je ne veux plus être dans la compétition, je souhaite vivre des aventures collectives. Pari tenu : en novembre 2017, nous nous retrouvons sur la ligne de départ, non pas dans la zone réservée aux athlètes handicapés, mais dans la zone accessible aux valides. J'ai dû négocier durant de longues semaines pour convaincre l'organisation de nous laisser participer en fauteuil de tennis et de prendre le départ au milieu de tous les autres coureurs. Nous ne nous considérons pas comme handicapés, mais plutôt comme des athlètes aux capacités différentes. L'autre s'oppose à la normalité, au prévisible, au connu : tout ce qui fait voler en éclats nos références, bouscule nos habitudes mentales et suscite l'étonnement. Je veux continuer à m'imposer, à me montrer. Courir le marathon de New York parmi les valides est un acte militant. Nous réussissons tous les trois, nous nous encourageons durant toute la course, on tient : « Allez, relance ! Relance ! » La réflexion est musculaire. C'est un dialogue entre soi et sa souffrance. Il faut franchir le « mur », ce moment où on ne respire presque plus, et pourtant, il reste encore quelques kilomètres. Il faut imaginer des ressources illimitées, des puits de puissance, des cœurs infinis. Nous tenons. Franchir la ligne d'arrivée avec mes deux amis, après une course de 5 h 19, galvanisés par la foule présente tout au long du parcours, m'a fait revivre des émotions que j'imaginais révolues après les Jeux de Rio. J'ai passé la dernière heure et demie à côté de Moce, pour l'emmener au bout de lui-même, une façon de lui rendre tout ce qu'il m'a donné ces dix dernières années. Je n'avais jamais expérimenté un tel partage dans l'effort physique avec des proches. Nous étions en communion et nous savions que, peu importe le prix à payer, nous finirions cette course tous les trois, ensemble. À la fin, Steeve et Cédric sont en larmes ; je sais que c'est une émotion que seul le sport peut provoquer. Une forme de pudeur réfrène les miennes, ce n'est que quelques mois plus tard, quand je verrai les images de notre arrivée de mon lit, que je serai à mon tour touché à ce point. Il n'y a pas à capituler devant l'épreuve. Ce sont les sens en feu, la vitalité extraordinaire, la résistance hors du commun et l'imagination qui auront le dernier mot.

En 2011, dans la maison de famille de Carolyn, non loin de Fitou, nous annonçons à mes beaux-parents que nous allons nous marier. J'ai toujours été très bien accueilli par ma belle-famille. Je me souviens du premier Noël passé ensemble, en décembre 2009 : 50 personnes de la famille proche étaient présentes. Carolyn fait partie d'une fratrie de huit, et il y avait 25 petits-enfants. Durant trois ans, j'ai constitué un arbre généalogique afin de mémoriser tous les membres de cette chaleureuse famille. Nous avons noué des relations fortes. Au moment de l'annonce du mariage, je confie également que je suis athée et qu'il s'agira uniquement d'une cérémonie civile. Les parents de Carolyn, protestants pratiquants, ne comprennent pas notre choix. Sa mère ne dit rien, son père, protecteur avec sa fille, sixième enfant de la famille, annonce : « Écoutez, très bien, on sera là, mais ce ne sera pas un vrai mariage. » J'observe Carolyn : les larmes aux yeux, elle quitte la table. Je regarde son père et lui réponds : « Vous vous rendez compte de ce que vous êtes en train de dire ? On vous annonce une nouvelle très importante pour nous ! » Je me confronte de nouveau au fameux « droit à la santé ». J'ai envie de partir, de rejoindre ma future femme, mais je suis bloqué. Nous sommes sur la terrasse accessible uniquement par un petit escalier. Comment puis-je demander un service tout en restant autoritaire ? Je parviens à lui faire comprendre que j'ai besoin de descendre et je retrouve Carolyn. Son père arrive finalement quelques minutes plus tard pour nous demander pardon. Je le regarde, entends ses excuses, puis il me serre la main. Je la garde serrée en lui confiant : « On verra le jour du mariage. » Il rétorque : « Je suis venu présenter mes excuses mais n'en fais pas trop, fiston. »

15 juin 2012. Je me souviens de Carolyn, entrant dans la mairie de Perpignan, avec sa petite robe courte, splendide ; elle est rayonnante. Je voulais me marier au même endroit que mes amis Gigi et Aryan. Ils avaient surpris leurs proches en se mariant immédiatement après le baptême de mon filleul, Maxime. Quelle audace ! Mais cet acte leur ressemble tellement. Nous poursuivons le lendemain avec une cérémonie civile au Château Gérard Bertrand. Quand Carolyn lit ses vœux en français, je ne parviens pas à retenir mes larmes. Son accent si charmant, ses mots doux, son humour. Elle précise qu'elle aime toujours autant se rafraîchir sur mes jambes. Ma sensibilité est intacte jusqu'aux genoux et s'estompe au niveau des mollets, pour disparaître définitivement à partir des chevilles. La circulation sanguine dans ces zones

très bonne et j'ai donc souvent les pieds froids... avec l'avantage certain de n'avoir jamais froid aux pieds ! Désormais, l'hiver, je dois dormir à ses côtés avec des chaussettes épaisses, et il m'est déjà arrivé de la voir, au milieu de la nuit, mes pieds sur les joues, en pleine canicule, pour se rafraîchir le visage ! Elle me fait promettre de passer chaque Boxing Day (26 décembre) dans sa famille, à Andover. J'ai demandé à mes frères de préparer un beau discours, je sais qu'ils se sont vus plusieurs fois, qu'ils l'ont travaillé, répété, mais, évidemment, leurs mots ont dépassé mes attentes. Ils m'ont dit « je t'aime », même si nous ne nous le disons jamais, car nous partageons une autre intimité, et nous en avons conscience. Je mesure combien le bonheur est spacieux. Combien le doute asphyxie et l'amour nous grandit. De ce jour, je garde l'image d'un tourbillon, celui du cortège qui m'accompagne, des portraits de famille, des pétales de rose et des bouquets en l'air, des cabrioles en calèche, celui des rafales de clins d'œil, des éclats de rire, de l'ivresse partagée, celui de la nuit tombée, des déclarations et des danses endiablées. Ce mariage est un kaléidoscope, quand je le tourne, il me renvoie ses multiples couleurs, ses formes mouvantes, ses éclats volatils, comme une mosaïque d'émotions scellée par la fête éternelle.

Avec Carolyn, j'apprends à observer les gestes, les intonations. Carolyn est dotée d'une écoute particulièrement attentive. Les gens se sentent bien en sa compagnie, elle fait preuve d'une bienveillance naturelle. Ma femme développe ma curiosité. Notre désir d'enfant grandit. Hélas, nous rencontrons des difficultés, tout ne se déroule pas comme nous l'espérions. Est-ce encore moi, la machine diminuée, défectueuse, déficiente, celui dont la vie a trébuché il y a longtemps ? Nous tentons tout, nous rencontrons le docteur Frydman, spécialiste de la fécondation *in vitro*, mais rien ne change. Carolyn pleure l'absence de cet enfant que nous désirons tant, qui siphonne la vie de tout son sens. De mon côté, je garde espoir. Carolyn se demande par quels pores je m'échappe, par quelle faille – si minuscule qu'elle en est invisible – je m'extrais, alors qu'elle peine à dominer sa déception. Il se peut que j'extermine ma rage et mon impuissance à l'instant même où elles se forment en essaim de souffrance. Dans la plus grande adversité, je parviens à trouver le positif. Ma femme n'avait pas imaginé que ce projet pourrait un jour devenir compliqué. Je m'y étais préparé. Tout ce qui arrive dans la vie reste une bonne surprise, je ne l'oublie pas. Un dimanche, après trois ans de tentatives infructueuses, de FIV et autres inséminations artificielles, Carolyn m'annonce que c'est la dernière fois qu'elle s'impose tous ces traitements hormonaux. Si cela ne marche pas, nous passerons aux dons d'ovocyte ou à l'adoption. Nous partons pour le laboratoire, où Carolyn doit effectuer une prise de sang qui déterminera si elle est bien enceinte. Dans l'après-midi, nous appelons le biologiste pour lui demander les résultats, prêts à encaisser la terrible nouvelle. Il nous donne le taux HCG, beaucoup plus élevé qu'auparavant. Nous nous regardons avec un sourire interrogatif, nous avons besoin de l'entendre : « Est-ce que vous voulez dire que ma femme est enceinte ? » « Oui, votre femme est enceinte, félicitations. » Ma femme est enceinte. Je m'effondre. Les larmes coulent. J'ai tenu et soutenu Carolyn durant si longtemps. Je n'y croyais plus. Je n'ai jamais été aussi ému de toute ma vie. Je n'ai jamais serré ma femme aussi fort. J'appelle mes parents et j'annonce la nouvelle à mon père quand il décroche : il s'effondre et ne parvient plus à parler. Ma mère est aussi submergée par un bonheur irrépressible. Mon père me confie qu'ils ont pleuré avec nous à chaque fois. Cette annonce dépasse tout entendement. Je n'oublie pas que nous restons malgré tout des privilégiés, la clinique ARGC de Londres nous a beaucoup aidés mais elle reste extrêmement onéreuse. La Sécurité sociale rembourse jusqu'à quatre FIV en France. À l'étranger, c'est à la charge des parents.

Mylo Léon Jérémiasz naît le 11 mars 2016 à 6 h 59. Je suis papa, un papa euphorique et excité. À cette époque, un ami, Philippe Fontana, me suit depuis un an pour réaliser un documentaire. Il passe les dernières 48 heures avec nous, quasiment jusqu'à la naissance. Je me souviens de dîners joyeux en sa compagnie, lors desquels nous refaisons le monde. Nous parlons famille, amour. Le jour J, je remonte dans la chambre, et il reste derrière la porte, mais je porte le micro et il entend mes murmures. Je lui confie mes émotions sans attente de réponse, un moment unique coupé du temps. Quelle folie, cet enfant ! Il s'agite, affole l'air de ses poings fermés, dans la lumière ils ont la couleur nacrée des coquillages, sur ses bras déjà potelés se devinent des veines minuscules, le sang bat, ses tempes, son pouls s'agitent sous sa peau douce. Il ne pleure pas immédiatement – sûrement la magie de la césarienne –, je m'inquiète, je m'informe auprès des sages-femmes, mais très vite il fait jaillir de petites éraflures sonores. Je sais dès ces premières minutes qu'il me faut passer du temps avec ma femme et mon fils. Rio m'attend dans quelques mois et je dois m'y préparer mais, après cela, je me promets que l'essentiel de mon temps leur sera dédié. Les liens du sang, notre amour, me transcendent.

Depuis, je me délecte de chaque journée au trépidant déroulé. Il y a tous ces moments, dans mes bras, ces moments où nos têtes se touchent, ou lorsque le point de collision est un baiser, nous jouons, nous chahutons, je le soulève dans les airs, il s'accroche à moi, dans mon fauteuil, nous faisons corps avec lui, il me l'apporte, en me disant « chair, Papa's chair », il attrape soigneusement mes pieds et les dispose sur la palette, je suis le tracé de ses boucles, je m'émerveille devant ses grands yeux rieurs, je lis des histoires, nous dormons enlacés, nous prenons un bain moussant, nous nous éclaboussons, nous appelons Maman pour quelle nous rejoigne pour un câlin-sofa, nous soufflons des bougies d'anniversaire. Ma plus grande crainte, à la naissance de Mylo, est de ne pas y arriver. Comment le porter ? Comment aller le chercher à la crèche ? Comment répondre à tous ses besoins ? Une fois de plus, on s'y fait, on s'adapte et on réussit. Je fais tout avec lui. Les meilleures réactions face au handicap proviennent des enfants, car ils intègrent tout naturellement. Je sais qu'il deviendra quelqu'un d'humain. Les enfants peignent, jouent, s'amusent dans l'instant. Les parents ont perdu leur innocence depuis des années. Ils ont été meurtris par le chagrin, les séparations, les désillusions, les échecs. Je souhaite sincèrement donner des ailes à Mylo, même si tout est friable. Avec lui, je réanime mon enfance. Son innocence sensibilise ma perception du monde. Il s'installe en moi, me bouleverse et je me dois de le protéger. Il m'oblige à me hisser. La vie d'adulte nous inculque la distance et la pudeur. Pour l'enfant, le réel et l'imaginaire se confondent, ce qui lui donne du génie. Le sérieux freine les hommes.

J'ai le sentiment qu'un enfant vit encore en moi, autant que l'adolescent qui lui succéda. C'est grâce à lui que j'aime rire et danser, c'est lui qui m'a permis de survivre à tout, de m'extraire de cette mauvaise farce de février 2000. Je le regarde avec reconnaissance et regret. Le bonheur ne réside pas dans les choses mais plutôt dans notre façon de les percevoir. Le bonheur n'est peut-être qu'une heureuse disposition du cerveau. Je crois en une part d'irrationnel, qu'il faut accepter l'insoluble et se résigner à ne pas conclure. Que savons-nous, sinon que tout instant recèle une possible joie qu'il ne tient qu'à nous de saisir ? J'ai grandi, changé, je me suis sûrement méfié, mais je suis resté le même. Nous ne perdons rien. Nous ne renions rien. Nos états ne passent pas. Nous sommes nos sédimentations successives. Nous ne vivons que ce que nous avons voulu vivre, avec désir.

Mais ce passé qui s'éloigne aurait fini par me devenir incompréhensible, sous la masse des clichés qu'il a engendrée, sous les récits que j'ai élaborés à chaque rencontre, comme autant de preuves de mon existence, comme un permis de séjour dans la normalité. Il m'a fallu produire cet effort de mémoire que ces pages ont exigé. Cette autobiographie a ressuscité des pans essentiels de mon passé, dans leur vérité tout intérieure, au contraire des photos et des films, parfois trompeurs dans leur évidence. J'ai donné une forme, ici, à ce monde à part que chacun recèle, cette île derrière nous. Je suis revenu sur mes plus grands combats ; les écrire peut les révéler. Si l'existence est l'occasion de se battre, les jeter noir sur blanc leur apporte une ampleur démultipliée. Cette lutte idéale m'a encouragé à faire preuve d'authenticité, en me mettant à nu, à aller toujours plus vite aussi, afin qu'on ne puisse pas trop s'appesantir sur mes défauts ! J'ai accéléré comme le funambule, pour fuir l'attrait du vide. Dans la vie, il faut savoir tenir le fil.

Je ne dirai jamais assez merci. À tous ceux qui m'ont prodigué des soins délicats, murmuré des paroles rares, consacré ces heures patientes et dévouées. Il est évident que les élans et les passions majeures se transmettent. Si je fais tout cela aujourd'hui, c'est parce qu'une force aveugle m'y pousse, sûrement celle de ma famille. Je n'oublierai jamais que nous nous sommes sortis de ce mauvais pas à cinq, avec mes deux frères et mes parents. Je ne connais pas de fratrie aussi solide. Cette manière de transformer ce qui nous est arrivé nous a rendus forts pour toute la vie. Les coups durs sont évacués rapidement. Quand la tempête se lève, on est bons. Les petites contrariétés de la vie passent sous les radars. Notre attitude positive ne tolère guère la plainte. « L'auto-coup de pied au cul » arrive très vite. Nous avons tant de souvenirs communs, mes frères et moi, nos vies ont été si inextricablement liées pendant longtemps, que nous respirons encore parfois à l'unisson. Avec Ben, nous avons gravi le Mont-Saint-Michel ensemble : des escaliers à n'en plus finir, sur des centaines et des centaines de mètres en dénivelé. Nous avons atteint le sommet. Nous n'avons jamais rompu notre pacte : ensemble, on va là où on veut, peu importe l'accessibilité. Tous les 7 février, Jon et Ben me souhaitent mon anniversaire. Leur attitude à mon égard n'a jamais changé. On continue de skier comme des fous. On a fait la paix avec les cons. Mes frères, ma famille, mes parents, ont fait mon cuir : cette armure qui pourrait nous protéger toute notre vie sans eux. Le cuir, la dureté, la résistance sur lesquelles se cognent les multiples déceptions quotidiennes. Suis-je endurci pour toujours ?

Je préfère croire qu'aucune histoire n'a d'issue, j'aime être ouvert à tous les hasards. J'adorerais disposer de plusieurs vies, de plusieurs possibilités d'habiter le monde. Parce que je refuse d'envisager qu'une vie ne puisse avoir qu'un axe, j'improvise souvent, d'une minute à l'autre. J'ai besoin de sentir mon cœur battre, animé, d'avoir la boule au ventre. Sans doute, est-ce cela qui me tient, le matin, quand je sors de chez moi : savoir que quelque chose viendra, une image, une sensation, une volonté. J'ai le pouvoir de créer ma vie, j'en suis l'artiste, c'est là que ma créativité peut s'exprimer. Pour la plupart, les gros problèmes de santé sont un frein à la soif d'intensité. Il faut puiser vers d'autres ressources. C'est l'impulsion vitale qui nous mène. Il n'y a parfois pas de délibération rationnelle. Les événements qui composent la vie d'un homme demeurent à jamais insondables. J'ai puisé une force dans une zone mystérieuse, une résistance que j'utilise désormais au quotidien. C'est peut-être à cela que servent les épreuves : aller à la rencontre de soi-même.

En réchapper une fois ne protège pas des périls à venir. Tant que nous sommes vivants, nous pouvons mourir demain. La gageure est de parvenir à l'oublier. J'essaie de ne pas prier parce que je n'y ai jamais cru. Je parviens difficilement à ne pas y penser. Je me souviens d'un soir où Carolyn et moi avions passé une très belle soirée, simple mais sereine. Ma femme s'endort dans mes bras, le visage contre mon torse. Je suis heureux, mais soudain, le flash s'enclenche : ce moment prendra fin, un jour, la mort nous séparera. Je suis trop vivant. Cela déborde, la mort me fait peur car la vie me traverse, ininterrompue et rageuse.

Côtoyer le tragique m'a donné le sens de l'anticipation. Je ne sais pas perdre mon temps, j'entends à chaque seconde l'horloge tinter. Le fleuve de nos vies file vers l'océan de la mort, je dois courir plus vite. Je me suis promis de m'y appliquer. Je ne me laisse pas pénétrer par ce que j'abhorre, ce qui m'inquiète, ce que je ne désire pas, ce qui me dérange. La vie est si étrangement brève, avec toutes ses petites tranches d'éternité. Et individuellement, qu'est-ce que l'on aura accompli ? Qu'est-ce qui aura fait sens ? Il me semble qu'il n'y a d'accomplissement que dans le partage. Mon accomplissement n'est d'ailleurs pas uniquement le mien, mais celui d'un clan qui a donné ce qu'il avait de meilleur, sans compter, stimulé par un seul moteur : l'amitié. Je pense à Aryan et Gigi, et leurs enfants dont je suis le parrain pour deux d'entre eux, Thelma et Maxime, mais je pense aussi à Moce, Steeve, Stellios, Ahissa, les Alix, ma tribu. Il y a Chacha également, le sport a véritablement créé des amitiés durables. À la fin du Team Lagardère, alors que j'étais sans entraîneur, je n'oublierai jamais l'investissement d'Ahissa entre 2011 et 2012, ses nombreux sacrifices aux côtés de Ben pour me porter et m'encourager à continuer. Je voudrais prolonger tous ces souvenirs, ces vacances à Barcelone avec Ben et la Brigade Rouge. À cette période, j'ai besoin de m'éloigner des courts de tennis et pars rejoindre mon petit frère et ses amis en Espagne, dans un appartement qu'ils ont loué. Le grand frère ne pourra hélas pas autant boire et fumer qu'eux ! Il y a aussi ce road trip avec Jamie, Gordon, Ben, Dylan, Moce et Morales pour une escale mémorable à La Nouvelle-Orléans entre deux tournois. Je ne verrai plus jamais Bourbon Street de la même manière. Cette semaine à Valras, dans le Sud, entre potes, avec Aryan et Ahissa notamment. J'appréhendais ce moment car c'était la première fois que j'allais partager mon intimité avec des gens qui ne me connaissaient pas avant mon accident. Mais la cohabitation se passa à merveille. Leur connaissance du handicap acquise en tant que bénévoles d'un tournoi handisport y fut sans doute pour beaucoup. Il n'y a pas eu besoin de stratégies sophistiquées pour gérer mon fauteuil : les virées se sont passées naturellement. Nous avons rencontré une fille, qui nous a donné rendez-vous le soir même, à la plage, à Aryan et moi. Je me souviens encore précisément de ce moment : nous l'apercevons en contrebas, près des rochers. Nous l'interpellons de loin mais un escalier nous sépare. Et quel escalier : un petit ponton de bois, puis une quinzaine de marches pleines de sable. Je me lève en me tenant à la rambarde, Aryan me devance avec mon fauteuil. Impatient, je m'engage dans la descente. L'erreur est fatale. Le sable qui recouvre le ponton en bois semble traître, je glisse et me retrouve par terre, sur le dos. Aryan se retourne. Je lui crie : « Viens voir les étoiles, c'est magnifique, tu loupes quelque chose ! » Il accourt, comprend en une seconde ce qu'il s'est passé et, au lieu de me relever, s'allonge à mes côtés. Cet acte, si tendre et symbolique à mes yeux, m'a marqué à tout jamais.

Pour mes 30 ans, je ne souhaite pas (et je ne souhaiterai plus) de cadeaux. Je propose à mes parents, à mes frères et nos compagnes un déjeuner chez Troisgros. J'en garde un souvenir extraordinaire. Mes parents m'ont transmis leur amour de la gastronomie et du vin, un héritage qui deviendra mon péché mignon. Je dîne un soir au Mandarin oriental, fief de Thierry Marx. Il nous rejoint à la fin du repas, et nous échangeons un long moment sur nos parcours et nos aventures de jeunesse dans l'Est parisien. Chez Guy Savoy, à la fin du repas, Jon annonce : « Vous ne savez pas qui est chez vous aujourd'hui ? C'est un champion ! » On nous invite alors en cuisine. L'instant est savoureux. Je recroise Guy Savoy à l'occasion d'une conférence. Nous sommes côte à côte, nous sympathisons de nouveau, et il m'invite alors à partager un menu surprise avec ma femme. Je me souviens encore de l'immense plaisir quand on nous a apporté, casserole à la main, de la fameuse soupe d'artichaut à la truffe ! Tant de souvenirs, encore tant de choses à vivre.

Aujourd'hui, je désire avant tout rester auprès de Mylo et Carolyn, ce sont les deux êtres qui me poussent chaque jour à donner le meilleur de moi-même, qui me font briller. Nous avons vécu à Paris, près de mes proches, dans ma ville, mais il se peut que les choses changent, et que ce soit à ma femme, désormais, de retrouver ce privilège. Nous irons bientôt vivre en Angleterre. Tout me semble possible. Il y a une chose, une immense chose que j'ai apprise au fil de ces aventures : la liberté réside dans le fait d'assumer tout le poids d'un destin, sans pour autant l'avoir choisi ; je suis responsable de mon histoire. Ne jamais être victime. Vagues, cascades, ricochets, lames de fond. On ne quitte pas son corps, mais il peut être autre chose qu'un lieu imposé. À nous de l'investir, d'y réinjecter de la vie, peu importe notre vécu. Le corps garde en mémoire tout ce qui l'a fait vibrer, il conserve chaque marque de notre existence, toutes nos impulsions essentielles et rêvées. Même après ce saut fatal de 8 mètres sur les pentes d'Avoriaz, je recherche toujours cet élan vertical. Je tente de trouver cette trajectoire, souvent esquissée, qui mène vers ce point éphémère où les lois de la gravité et la nécessaire légèreté des choses se réunissent.

## Postface de Teddy Riner

Je connais très bien Michaël. Nous avons fréquenté les mêmes salles d'entraînement à l'INSEP, lui sur son vélo à bras à enchaîner des séances plus dures les unes que, les autres pendant que, moi, je soulevais de la fonte. Chaque fois que l'on se voit, on ne peut s'empêcher de rire de tout et de tout le monde. Plus récemment, nous avons partagé l'aventure Paris 2024, une mission à laquelle nous avons tous deux attaché beaucoup d'importance. Mika, c'est un personnage qu'on ne peut pas louper. Il a une telle présence, il dégage un tel charisme. Et surtout, ce qui m'impressionne chez lui, c'est cette force de vie, ce mental en acier trempé et ce dynamisme qu'il met au service d'un collectif, d'une équipe pour faire bouger les choses. Et ça marche, il est capable d'apporter beaucoup de positif à un groupe.

En vérité, j'aurais voulu le connaître pendant les JO. Ça aurait été énorme ! Ce mec est un vrai antidépresseur. Autour de lui, l'ambiance devient tout de suite beaucoup plus saine et joyeuse. Si j'avais partagé ma chambre avec lui aux JO, je n'aurais peut-être pas remporté de médailles d'or, mais je crois que j'aurais passé quinze jours à faire la fête non-stop au village olympique ! On a pu avoir un aperçu de cette expérience. Mika était dans l'avion qui m'emmenait aux JO de Rio. En tant que porte-drapeau, il avait été invité au Brésil pour accueillir le Président François Hollande à mes côtés au village olympique. Je me souviens du déjeuner au village, nous étions tous les trois en train de partager des anecdotes autour des Jeux. Je suis allé chercher des glaces pour Mika et François Hollande et, à mon retour, je retrouve le Président amusé qui écoute Michaël évoquer la surconsommation de préservatifs des sportifs pendant les Jeux, en lui indiquant un des nombreux distributeurs situés juste derrière nous. Il n'y a que lui pour faire ça. J'aime sa liberté.

Quand on côtoie Michaël, on oublie très rapidement son handicap. Avec lui, je m'imagine aller au bout du monde sans problème. Quels que soient les obstacles. Rien ne l'arrête, et d'ailleurs il m'est arrivé de le porter sur mon dos quand c'était nécessaire. Mais ce n'est surtout pas un problème ! Pourquoi ? Parce que, si je le pouvais, j'emmènerais Michaël avec moi partout, tout le temps. Je le kiffe trop ! Je me souviens quand nous sommes allés célébrer la victoire de Paris 2024 à Lima, il y avait des marches à l'entrée du restaurant et il ne voulait pas faire le tour. Avec David Douillet, on l'a attrapé et porté tel un roi jusque sur la scène.

À notre retour de Lima, il y avait un protocole à respecter à la sortie de l'avion. En premier, notre chef de file Tony Estanguet, aux côtés d'Anne Hidalgo, suivi des sportifs. Sauf que Michaël devait attendre un élévateur de l'autre côté et nous rejoindre au pied de l'avion. Il me regarde, je sais ce qu'il va me proposer, on a cette complicité. Je le prends sur mon dos et on descend tous les deux le tapis rouge, hilares.

Plus sérieusement, il faut dire que Michaël possède plusieurs facettes. Côté pile, il déconne et c'est le meilleur pote. Côté face, c'est quelqu'un de brillant et de déterminé, qui sait où il veut aller et comment vous y emmener. Il sait plaisanter mais aussi se montrer extrêmement sérieux sur les sujets qui comptent et qui lui tiennent à cœur. C'est aussi un entrepreneur très engagé. Il a créé l'association Comme les autres et la société Handiamo !. Il est aussi consultant et conférencier, il travaille avec de très grandes entreprises, échange avec leurs dirigeants d'égal à égal. Enfin, il se montre capable d'apporter une parole vraie, sincère, et juste sur des sujets très variés. Nous envisageons d'ailleurs de réaliser de très belles choses ensemble. Il a cette faculté rare chez les sportifs de se montrer à l'aise sur tous les terrains et pas seulement dans sa discipline. C'est ce que j'apprécie chez lui : le sportif mais aussi la personne.

Je l'ai vu et entendu de très près au cours de cette formidable aventure qu'est Paris 2024 et j'ai pu constater à quel point il sait se montrer persuasif. Je n'ai pas peur de le dire (et je ne crois pas qu'il démentirait) : il possède un vrai sens politique. Ça ne m'étonnerait pas qu'il devienne un jour ministre des Sports ! Si c'est le cas ; il le sait, il pourra compter sur moi !

Teddy Riner
Double champion olympique,
décuple champion du monde de judo

# Remerciements

Merci à Virginie Troussier de m'avoir supporté des heures durant au bar du Generator et qui par ses qualités d'écoute et d'écriture m'a permis de partager mon histoire.

Merci à Benoît Bontout pour sa confiance et son enthousiasme.

Merci à mes frères d'avoir essayé de réécrire notre passé commun auprès de Virginie.

Merci à mes parents pour leur soutien inconditionnel à (quasiment) tous mes projets.

Merci à Léa Salamé, François Hollande, Teddy Riner, Sébastien Bazin, Frédéric Lopez et François Chevet pour leurs mots.

Merci à toutes celles et ceux qui m'ont permis d'être ce que je suis et qui me poussent chaque jour à être meilleur.

Enfin, merci surtout à ma femme et mon fils qui m'inspirent chaque jour et me rendent profondément heureux.

Pour l'éditeur, le principe est d'utiliser des papiers composés de fibres naturelles, renouvelables, recyclabes et fabriquées à partir de bois issus de forêts qui adoptent un système d'aménagement durable.

En outre l'éditeur attend de ses fournisseurs de papier qu'ils s'inscrivent dans une démarche de certification environnementale reconnue.

PAPIER À BASE DE FIBRES CERTIFIÉES

MARABOUT
s'engage pour l'environnement
en réduisant l'empreinte carbone
de ses livres.
Celle de cet exemplaire est de :
350 g éq. $CO_2$
Rendez-vous sur
www.marabout-durable.fr

Préparation des textes : Marie Gosset
Relecture : Dominique Montembault
Photocomposition : Nord Compo
Imprimé en Italie par Grafica Veneta en septembre 2018
pour le compte des éditions Hachette Livre (Marabout)
58, rue Jean-Bleuzen – 92178 Vanves Cedex
Dépôt légal : septembre 2018
ISBN : 978-2-501-13679-2

4.3171.25 /01